JN333443

銀行融資に強い税理士になる

銀行員はこういう税理士と仕事をしたい

元メガバンク行員・税理士
島本 広幸

税務経理協会

はじめに

　筆者は，二十数年近くメガバンクで銀行業務に携わってきました。そのなかで，実に多くの経営者の方々が自身の顧問税理士について，こう話していました。「うちの先生（税理士）はダメよ。ただ申告をしているだけで，何のアドバイスもしないもの。経営のことも，金融のことも，事業承継のことも，何も相談できない。ただ，変えても同じような先生しかいないから，変えるメリットもないので変えていないだけだよ。」と。

　経営者の方々の多くは，「経営のことは経営者が考えればいい。自分達（税理士）の仕事は正確な決算申告を行うだけ」と税理士は考えていると思っているのです。

　「税理士は誰に頼んでも同じで，サービスが変わらないなら料金が安いほうがいい」と考える顧問先も当然いらっしゃいます。それらの顧問先に向けて報酬をダンピングし，新規獲得をしている税理士の方もいらっしゃるので，この（税理士）業界も薄利多売の様相を呈しています。既存先の顧問契約の防衛のため１件当たりの顧問料が少額となっているなか，収益を何とか拡大させたいと思っている事業意欲の旺盛な税理士の方々のなかには，ネットによるいわゆる"リスティング広告"などで，新規顧問先の獲得を考えている方もいらっしゃるのではないでしょうか。

　現在（2015年５月末時点），検索回数が多いワード（「会社設立」など）などのリスティング広告では，リスティングされた会計事務所の『広告』をユーザーがワンクリックするだけで（契約してもしなくても）1,000円〜1,500円ものコストがかかるそうです。したがって，リスティング広告に月間１億円程度の広告費用を投じている税理士法人もあると聞いています。

　中小会計事務所の多くは，年間12億円にもなるこのような費用をかけて顧問先を獲得することは，まず不可能でしょう。

1

従来からの顧問先に満足してもらうとともに，利幅の取れる新規の顧問先を獲得するにはどうしたらいいのか？
　この本の中に，その答えがあると筆者は考えています。
　その最も重要なキーワードは，「銀行融資」です。その意味で，この本の表題を『銀行融資に強い税理士になる〜銀行員はこういう税理士と仕事をしたい〜』という題名にしました。
　読者の中には，「何故，我々が銀行員の意向を聞いて，一緒に仕事をしなければいけないんだ。」と思われる方もいらっしゃるでしょう。まったく，そのとおりです。別に，銀行に頭を下げてすり寄っていく必要もありません。
　ただ，第❶章で述べていますように，銀行とうまく付き合えるのであれば，付き合ったほうがよいと思います。それは，間違いなく，皆さんの活動のフィールドが広がるからです。
　この本は，読者の皆さんが銀行とイーブン（対等）な立場で接することにより，皆さんの業容（新規先の獲得と既存顧問先の契約維持）が拡大することを願って書いた本です。ただし，銀行とイーブンな立場になるためには，やはり皆さんの側から銀行の求めるものを提供する必要があります。それが，この本の各章で述べるところの「提案型セールス」であると考えています。何故，銀行は提案型セールスが必要なのか？　その辺の理由は銀行の内部事情にありますが，詳細は第❷章で述べています。更に，提案型セールスを銀行に行う前の段階として必要なアプローチについては，第❸章で説明させていただきました。
　そして，提案型セールスを行うには何よりもまず，ベースとなる「銀行融資」の知識が必要不可欠です。
　何故なら，銀行に対する有効な提案型セールスは多くの場合，「銀行融資」＋「事業承継」という形をとるからです。また，彼ら（銀行）に皆さんが立案したスキームをスムーズに理解させるためにも，彼らの共通言語である『銀行融資』を使うことがより効果的であると，筆者は考えています。
　そこで，この本は，皆さんがこの提案型セールスをご自身で行えるよう，第❹章から第❺章で，皆さんが知っておくべき「銀行融資の基礎知識」について

はじめに

述べています。また，第❻章から第❾章までは，筆者が二十数年近くの銀行勤務で培った融資審査の考え方や融資案件組成のノウハウあるいは銀行と接するための心構え，そして具体的な実践方法の事例といったものを網羅的に述べました。いわば「応用実践編」と考えてください。このうち，やや音色が違うのが第❽章です。ここでは，提案型セールスの題材として最も注目されている「事業承継」の必要性について述べています。面白い読み物になっていますので，ぜひ目を通してください。

以上に述べました第❹章から第❾章までを読み通すことで，「提案型スキーム」を組み立てるまでの「銀行融資の応用力＝自力」を身に付けることができると考えています。その意味で，この本は，「銀行融資・与信の教科書」の性格を持っています。

さて，この本の対象とする読者は，表題に「税理士」と銘打っているとおり，税理士，公認会計士の方々を対象にしていますが，かつての筆者の古巣である銀行などの金融機関に勤務される方，あるいはコンサルティングの業務に携わっている方，さらには，銀行の業務が知りたい銀行志望の学生や企業オーナー，資産家の方々にもきっと参考にしていただけると思います。もっと欲張れば，「銀行融資とは何か？」を知りたい多くの方々に幅広く読んでもらいたいと願っています。

巻末に設けた索引も，キーワード集として活用することができます。

この本を，金融の教科書として座右に置いていただければ幸いです。

最後に，税務経理協会の鈴木利美氏には，本当にお世話になりました。この場をかりて，深く御礼申し上げます。

2015年6月

島本　広幸

目　　次

はじめに

第 1 章　税理士が持つ銀行のイメージは悪い
1-1　銀行は情報の宝庫 ……………………………………………… 2
1-2　業績が悪くなると支援しない（雨の日に傘を取り上げる？）…… 3
1-3　投信からデリバティブまで，これ以上振り回すのはいい加減にしろ！ ……………………………………………… 4
1-4　今度は事業承継？（資産管理会社に遺言？）………………… 8
1-5　でも，銀行員が持つ税理士のイメージも悪い ……………… 11

第 2 章　銀行員は，実は税理士を必要としている
2-1　当世銀行員気質（今の銀行員はバーモントカレー？）……… 14
2-2　まず，押さえよう銀行員の特徴 ……………………………… 16
2-3　時間に追われる担当者 ………………………………………… 17
2-4　管理に追われる上司 …………………………………………… 19
2-5　消化しきれない多彩な金融商品と目標 ……………………… 20
2-6　単品商品によるダンピング競争 ……………………………… 23
2-7　提案型セールスへの渇望 ……………………………………… 26

第❸章　銀行に求められる税理士とは？

❸-1　彼らの実績に貢献してくれる人（定期預金，月掛けはもういいです！） ……………………………………………… 30

❸-2　融資を増強する先は？ ……………………………………… 31

❸-3　銀行が求めている税理士像（最初の出会いは新規だった・・・？） ……………………………………………… 33

❸-4　提案型セールスへの道【解答への道？】 ………………… 35

第❹章　銀行が最も売りたい商品，融資について知ろう

❹-1　銀行の主力商品"融資"のプライスは3要素で決まる ……… 38

❹-2　お金に色はないが，融資には色がある …………………… 38

❹-3　いまさら聞けない「運転資金」 …………………………… 40

❹-4　そうだったのか「設備資金」 ……………………………… 44

❹-5　「決算・賞与資金」は借り易く，貸し易い？ …………… 46

❹-6　バブリー？「証券投資資金」 ……………………………… 50

❹-7　あるようでない，「融資期間」（テール・ヘビー？　期限の利益？） ……………………………………………… 54

❹-8　「固定見合資金」ってなに？ ……………………………… 57

❹-9　短プラは本当に短プラ？（「貸出金利」について） ……… 60

❹-10　欲しいのは自家用車？　トラック？　バス？（「融資形態」について） ………………………………………… 62

❹-11　「手形割引」には"家柄"がある ………………………… 63

❹-12　ショウガシ（「証書貸付」）の取扱いで品定め ………… 65

❹-13　テガシ（「手形貸付」）は怖い！ ………………………… 66

❹-14　「当座貸越」・今昔物語 ………………………………… 68

❹-15　何故？「私募債」？ ……………………………………… 72

Column 1　私の若手行員時代 …………………………………… 75

Column 2　伝説の課長 …………………………………………… 79

目　次

第5章　銀行が融資をしたい法人(信用格付)について知ろう

- 5-1　何故，法人がいいのか？ ……………………………………… 84
- 5-2　やはり安心。晴れた日の傘 …………………………………… 86
- 5-3　信用格付って知ってますか？ ………………………………… 87
- 5-4　「決算書の洗顔対策」(格付の操作は有効？) ……………… 90
- 5-5　顧問先の簡単なチェックの仕方，お教えします（債務償還年数） ……………………………………………………………… 92
- 5-6　第三の格付。信用調査会社 …………………………………… 95
- 5-7　銀行は企業のここを見ている ………………………………… 96

第6章　秘伝!!　融資の奥の奥について知ろう

- 6-1　どう捉えればいいの？　「総合的に判断して今回は見送ります。」……………………………………………………………… 102
- 6-2　融資取引そのものができない（私はブラックリストに載っている？） ………………………………………………………… 103
- 6-3　お教えしましょう！　審査判断の実演（融資条件の変更の裏側） …………………………………………………………… 104
- 6-4　創業融資・保証協会の落とし穴（注意点をザックリお教えします） ………………………………………………………… 112
- 6-5　その他の注意点（ここも必見です!!） ……………………… 117

第7章　銀行へのアプローチの心構え

- 7-1　忙しいけど・・・我慢して!!（決算申告シーズンと"月平"）………………………………………………………………… 124
- 7-2　生意気だけど・・・我慢して!! ……………………………… 125
- 7-3　彼らの参謀役になる（その①「ゴーイング・コンサーン・ベースの自己資本？」）…………………………………………… 127
- 7-4　彼らの参謀役になる（その②「擬似DES？　何それ？」）…… 130

3

- **7**-5　切り口は事業承継 ……………………………………………… 134

第**8**章　何故，事業承継か？（利休の茶室）
- **8**-1　オーナーが必ず関心を持つ，今，一番ホットで避けて通れない話題 …………………………………………………… 138
- **8**-2　大阪城の大広間から利休の茶室へ（オーナーとの面談）……… 140
- **8**-3　利休になるには，"技"がいる（税理士は測量士にならないで！） ………………………………………………………… 141
- **8**-4　「弁当が経費で落ちるか」はもういい！ ……………………… 142
- **8**-5　事業承継は総合格闘技だ！ …………………………………… 143
- **8**-6　提案型セールスのすすめ ……………………………………… 144

第**9**章　まず，手始めは！　不動産の法人化！
- **9**-1　法人化の際の税法は？ ………………………………………… 148
- **9**-2　法人化の際の法務は？ ………………………………………… 153
- **9**-3　法人化の際の金融は？ ………………………………………… 154
- **9**-4　今再び，提案型セールスのすすめ！ ………………………… 160

第**10**章　最後に重要な税理士としての判断
- **10**-1　リスクをとれない銀行員 ……………………………………… 162
- **10**-2　リスクをとりたくない納税者 ………………………………… 164
- **10**-3　逃げない税務の専門家としての矜持（ドラマ「銀行審査と税理士」） ……………………………………………… 165
- **10**-4　そして彼らとの真の付き合いが始まる ……………………… 168

おわりに

索　引 ……………………………………………………………………… 173

第1章

税理士が持つ銀行のイメージは悪い

　表題のとおり,「銀行は嫌いだ。できれば奴らと接触するのはご免こうむりたい。」と思っている方も多いでしょう。でも,銀行は情報の宝庫,付き合って損はないと思います。皆さんの顧問先は事業を行ううえで,多かれ少なかれ何らかの形で"お金"を動かしているはずです。

1-1 銀行は情報の宝庫

　皆さんの顧問先が事業を行い，何らかの形で"お金"を動かしているということは，そこには必ずさまざまな形態で"銀行"との取引があります。「私の会社は無借金だから，銀行なんかどうでもいいんだ。」そういう取引先もあるでしょう。しかし，その場合でも，銀行は，決済や運用（預金）といった形でその取引先に関与しているはずです。ノンバンクではなく，銀行が与信（融資）と運用（預金）の両方の業務（これを**預貸業務**などという）を行っているということは，個人を含むほとんどすべての企業と何らかの形で取引があり，それ相応の情報を持っていることになります。

　この情報のなかには，皆さんの商売と繋がってくる有効な情報が間違いなくあります。いや宝庫と言ってもいい。当然に，その情報は，顧客の個人情報です。顧客の了解なしに銀行が情報を提供することは，絶対にありません。ただ，銀行と親密に接することで銀行の信頼を得て，①銀行が皆さんの必要とする情報を持った顧客と面談の機会を与えてくれる，あるいは②銀行が顧客から「近場で，いい税理士を紹介してほしい。」との依頼を受けて皆さんを紹介する，ことは十分にあり得るでしょう（①・②の情報とも，あくまでも紹介された顧客から直接入手することになる）。

　「そう言われてもなぁ。銀行は本当に嫌いなんだ。」皆さんの多くは，多分，銀行と銀行員が嫌いでしょうね。「何故，銀行を嫌いなのか？」まずはそこから，議論を進めることにしましょう。

1-2 業績が悪くなると支援しない
　　　（雨の日に傘を取り上げる？）

　銀行について一般の人がよく言うのは，「銀行は晴れた日には傘を貸すが，雨の日には傘を貸さない。」という有名な言葉です。本当に苦しい時に，銀行は貸してくれない。これは，借り手から見れば本当にそう映るのでしょう。あるいは「いや，雨の日には傘を貸さないんじゃなくて，奴ら（銀行）は**傘を取り上げるんだ。**」という人もいるでしょう。

　皆さんは，「**貸剥がし**」という言葉を聞いたことがあるでしょうか。銀行の肩を持つわけではありませんが，銀行からすれば貸倒れを起こさないように必死なのです。私も銀行に勤務している時は，「融資という事業が，これでよくビジネスとして成り立つなぁ。」と，何度となくそう思ったものです。

　たとえば，銀行が（期日に一括返済する）100百万円の融資をしたとします。長期・短期の区別はあるにしても，今だと（2015年1月末時点），通常の融資の金利の相場は高くても変動で2％台（貸出金利については第**4**章を参照）であって，なかには1％を割っている融資がいくらでもあります。2％で融資した先が1年後に倒産したとすると，2百万円の利息の儲けを勘案しても98百万円（100百万円－2百万円＝98百万円）の損失になります。この損失を融資だけで取り返すには，金利2％の融資を49億円（98百万円÷2％＝49億円）も実行する必要があります。

　これは，相当に大変です。これは業務の粗利であって，当然，融資管理に携わった行員の人件費や貸倒れに伴う諸々の諸経費も発生してきます。銀行が，貸倒れを気にして融資に慎重にならざるを得ないのは，貸出金利が低収益であることにも起因しています。

　「もう少し新規の創業先に貸してくれてもいいんじゃないの。創業という土

砂降りの厳しい雨の日に本当に貸してくれないよね。」こんな声も数多く聞かれます。しかし，銀行にも，銀行の貸すに貸せない事情（第❻章4項を参照）があるのです。「創業で信用ないから，じゃあ10％の金利にします。」とは言えません。そして10％の高金利でも倒産したら，やはり1年後には9割の損失を被ることになってしまうのです。

　第❻章では，取引先の方々が抱いている融資にまつわる不満について，銀行側の真の意図を説明することで，「何故，銀行がそれを行うのか？」を理解していただこうと考えています。ここでまず皆さんには，銀行の本業中の本業である融資業務が，実は，現在の低金利ではかなり低収益でリスクを取りづらい事業であることを理解していただきたいと思います。

❶－3　投信からデリバティブまで，これ以上振り回すのはいい加減にしろ！

　前項2で，融資の利鞘が極めて薄いことを述べました。融資・預金業務の利鞘が低金利で縮小しているなか，固定費を賄い継続発展していくために，銀行は収益獲得の手段をあらゆるところに求めています。投資信託や保険，外貨定期は，そのための収益ツールでもあります。保険や投資信託の成約金額の何パーセントかは，銀行の手数料収入となります。

　たとえば，10百万円で手数料2％の投資信託を成約すると，契約時に200千円の手数料が銀行に入ってきます。融資10百万円で2％の金利収入は，1年後にようやく200千円の収益になります。成約した投資信託を相場に応じてさらに半年後に組み替えれば，また200千円の収益を得ることができ，年間で400千円の儲けです。

　融資の収益体系とは，根本的に違うことがおわかりいただけるでしょう。当然，市況によっては，投資した元本を割り込むこともあり，保険商品にしても

中途解約を行えば元本が棄損する場合もあります。外貨ものの保険商品や外貨定期には，為替のリスクも発生します。このように，保険や投資信託そして外貨定期などの商品は，通常の定期預金と違うリスクを持っています（第**3**章を参照）。このような運用商品を，「**リスク性運用商品**」と呼んでいます。これらの商品から発生する利益を税務上どう処理するのか？ 皆さんは，顧問の取引先から相談されるケースも多いのではないでしょうか？ 「銀行が・・・また余計なものを売りやがって！」そんな声が聞こえてきそうです。

企業に対してはどうでしょう？ 3年～4年ほど前は，多くの企業が「**通貨オプション**」と呼ばれる為替通貨を利用したデリバティブ商品で苦しんでいました。通貨オプションとは何なのか，次の図表をご覧ください。

図表　1－1

成約条件

成　約　日	×年2月1日
決　済　日	×年5月1日から3か月ごと20回（×+5年2月1日まで）
決　済　金　額	10万ドルの購入
行使レート（交換レート）	1ドル＝90円（成約時の直物相場は110円）
判　定　日	決済日2営業日前（東京市場：15時のインターバンクレート）
判定日に行使レートより円高	30万ドルの購入

資金の流れ

成約から3か月後の決済日（5月1日），×年4月29日の直物為替相場（東京市場：15時のインターバンクレート）が1ドル＝110円（なお，売却はインターバンクレートで行うものと仮定）

銀　行　←②売却11百万円――　取引先　――①購入代金9百万円→　銀　行
　　　　　←②米ドル売却10万ドル　　　　　　①米ドル購入10万ドル→

（通貨の差額で2百万円利益）

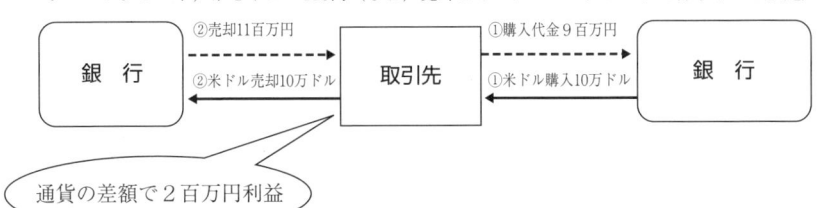

図表に示すように，「3か月ごとに10万ドルを1ドル90円で5年間購入する。」契約を銀行と結びます。この契約時の市場の為替相場が1ドル110円（第1回目の決済日の為替相場も110円）であったとすると，90円でドルを購入して110円ですぐにドルを売却すれば，20円の鞘が発生し，1回の取引で2百万

円（10万ドル×20円＝2百万円）の収益を得ることができます。

　ところが，この契約にはリスクも内在していて，「もし，市場の為替相場が90円より円高となれば，3倍の30万ドルを購入する。」という約定になっていたりします。通貨オプションは，オプション料が取引先にかかります。しかし，銀行は，成約時にオプションの購入と売却を組み合わせて，支払オプション料と受取オプション料を相殺しています。要は，オプション料がゼロとなるようにオプション取引を組み合わせているのです。これを「**ゼロコスト・オプション**」といいます。この「ゼロコスト・オプション」という商品は，平成3～4年頃には既にあったと思います。

　ただし，成約時の為替相場（この場合は1ドル＝110円）に比べ少しでもよい行使価格（この場合は5年間，1ドル＝90円で交換；成約時の相場と20円の開きがある）を出そうとするため条件が厳しくなり，それに吊られてオプション料が高めになります。結果として，このオプション料をゼロにするため，円高に振れた時には3倍のドルを購入するという商品設定になっているのです。これを「**レシオ付通貨オプション**」などと呼びます。リーマンショック前はよかったのですが，リーマン後，円が一気に上昇し，1ドル80円台になった頃から問題は深刻化しました。次の図表をご覧ください。

図表　1－2

資金の流れ

　成約から9か月後の決済日（11月1日），×年10月30日の直物為替相場（東京市場：15時のインターバンクレート）が1ドル＝80円（なお，売却はインターバンクレートで行うものと仮定）

行使価格90円より円高（80円）なので，10万ドルではなく30万ドルの購入が必要となる。

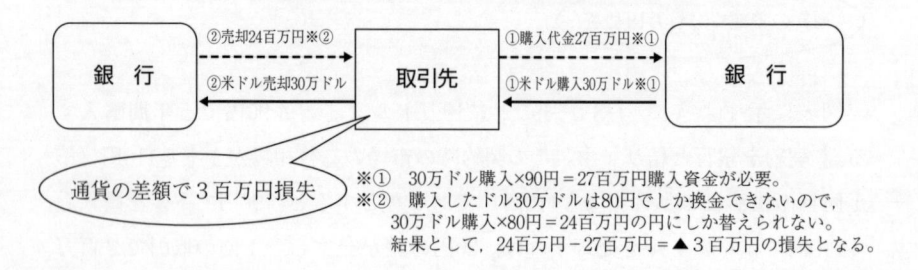

銀　行	②売却24百万円※② → ②米ドル売却30万ドル ←	取引先	①購入代金27百万円※① ← ①米ドル購入30万ドル →	銀　行

通貨の差額で3百万円損失

※①　30万ドル購入×90円＝27百万円購入資金が必要。
※②　購入したドル30万ドルは80円でしか換金できないので，30万ドル購入×80円＝24百万円の円にしか替えられない。
　　　結果として，24百万円－27百万円＝▲3百万円の損失となる。

第1章　税理士が持つ銀行のイメージは悪い

　このように，市場の為替相場が90円より円高になれば1ドル90円で30万ドルを購入しなければなりません。これを，仮に80円で売れば3百万円（（80円－90円）×30万ドル＝3百万円）の損失です。

　また，資金負担も深刻です。今まで9百万円（90円×10万ドル＝9百万円）でよかった資金手当が，一気に3倍の27百万円になります。この通貨オプションを導入した多くの企業が，最終的には高額の解約コストを（解約額の満額かどうかは別にして）支払って手仕舞いを行うことになりました。利用した企業と銀行の両者間に深い傷を残したのは事実です。いわゆる「**為替デリバティブ問題**」と呼ばれているものです。何故，銀行がこのデリバティブを企業にセールスしたのか？　当然，純粋な融資業務では得られない高収益が獲得できるからです。

　銀行を去った者が，今の段階でこの問題について良し悪しを言うべきでないし，この本の趣旨でもないのですが，ある税理士さんに言われた言葉が今でも確かに耳朶に残っています。

　彼は，ある飲み会の席で私にこう言いました。

　「通貨オプションをやった会社も，セールスした銀行も，どちらにも責任がある。でも，セールス資料の中に『税務関係についての詳細は，会計士，税理士等の専門家に相談して下さい。』と書いてあるじゃないか。こんなに大きなリスクが出る商品なら，事前に一言，相談してほしかった。社長も必要があったから通貨オプションをやったのだと思うけど，顧問税理士として，その必要性やリスクについて，顧問弁護士も交えて，いろんな意見を社長に言えたはずだ。創業時からずっと見守ってきた顧問先だった。今回のデリバティブの解約による損失で，一瞬にして，その顧問先の会社の純資産が債務超過になってしまった。できあがった決算書を見た時，本当に悲しくて仕方がなかった。」と・・・。

　今はただ，彼のよき聞き手として，真摯にこの発言を受けとめるしかありません。しかし，一言だけ，一言だけ言わせていただければ，この問題に巻き込まれ，夜も眠れない思いをした末端の行員も，多くいたことだけは知ってほし

いのです。ともあれ，この問題に直面した顧問先を持つ皆さんからすれば，銀行は振り回すだけの存在でしかないのかも知れません。

1-4　今度は事業承継？
　　　（資産管理会社に遺言？）

　最近，親しくなった税理士さんから，「いやー，島本さん。デリバの次は事業承継ですか？」と言われました。顧問先に銀行員が来て，事業承継の話をして行ったそうです。今，銀行は企業オーナーや資産家の方の事業承継対策に商チャンスを見い出しています。最も力を入れているのは，資産管理会社を使った銀行融資と遺言信託などの信託商品です。高齢のオーナーや資産家に会ったら，必ず持ち出す話題です。事業承継に関しては第8章で扱いますが，銀行はこの方面の専門部隊を編成して，承継スキームの提案を行っています。私が直近までいた職場も，この専門部隊でした。取引先にこの手の話をすると，常に立ちはだかるのが顧問税理士の方々です。「今，やらなくてもいい。」とか「こんな事をすると税務署に睨まれるよ。」などと言い，明確な理由と代替案を示してくれない税理士さんが大半でした。「**税理士の資格も持ってないのに，資産税について偉そうに提案するな！**」とか「**そもそも君たち（銀行）が提案したことで申告や税務調査を行うのはこちらだぞ。**」というのが，税理士さんの本音なのでしょう。

　だが，これでは何も解決はしません。対外的に発信したこれらの言葉に対して，「何故，今やらなくてもいいのか？」，「こんなことをしたら税務署に何故睨まれるのか？　そもそも睨まれるとはどういうことなのか？」を税の専門家であれば，明確に答えるべきだと思います。「申告時期だよ！　今そんなことをやっている場合じゃない。手が回らないのに余計なことを言うな！」という発想であるなら，それこそ顧問先を舐めた対応です。一方で，これはどうかと

第1章　税理士が持つ銀行のイメージは悪い

いう提案をしている銀行あるいは専門家もいます。次の図表をご覧ください。

図表　1-3

対応前
（単位：百万円）

資　産		負債・資本	
その他資産 （不動産以外）	500	借入金 （不動産分）	450
不動産 （土地・建物）	500	その他負債	450
		純資産	100
合　計	1,000	合　計	1,000

▼

対応後
（単位：百万円）

資　産		負債・資本	
不動産 （土地・建物）	500	その他負債	450
子会社株式	50	純資産	100
合　計	550	合　計	550

↓ 100％出資

（単位：百万円）

資　産		負債・資本	
その他資産 （不動産以外）	500	借入金 （不動産分）	450
		純資産	50
合　計	500	合　計	500

（分社型分割を実施！親会社の借入金が子会社の借入金になるなんて，ありえない！）

　これは，資産管理会社を分社型分割で作ったケースです。オーナー一族が資産管理会社の借入金を負担したくないという理由から，収益不動産の借入金を子会社に落としています。子会社は一体どうやって返済をするのでしょうか？収益不動産の取得資金（設備資金）の返済は，収益不動産の賃料収入で返済するのが大原則（第**4**章を参照）ですが，このスキームはこれを無視しています。

「債権者の銀行が認めれば・・・。」なんてコメントをしていますが，銀行は許さないでしょう。**融資がわかっていないとこんなことをしてしまう**という典型例です。

次は，このようなケースです。

図表　1-4

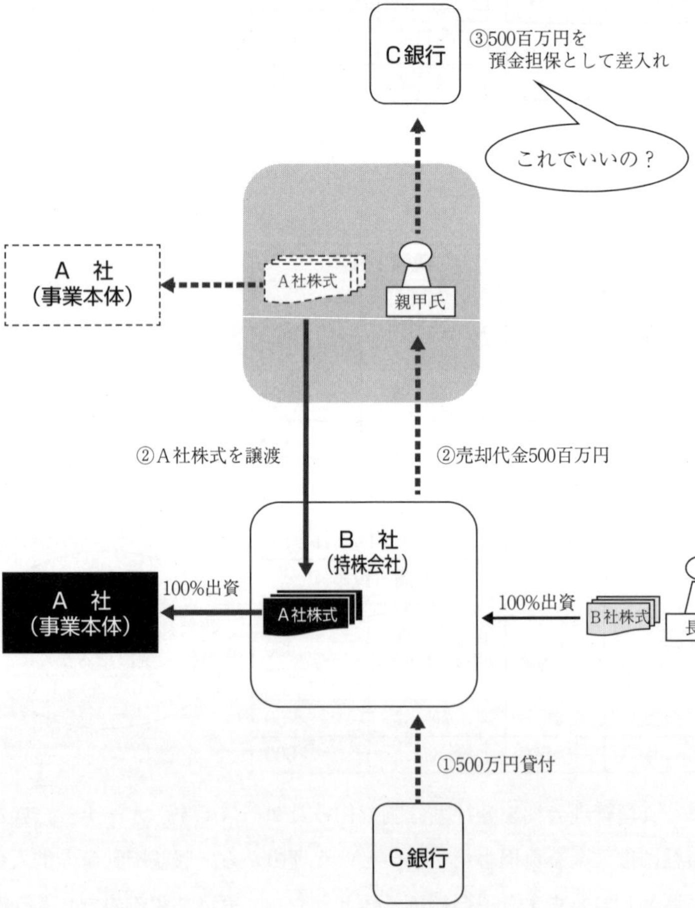

③500百万円を預金担保として差入れ

これでいいの？

C銀行

親甲氏

A社（事業本体）

A社株式

②A社株式を譲渡

②売却代金500百万円

B社（持株会社）

A社（事業本体）

100%出資

A社株式

100%出資

B社株式

長男

①500万円貸付

C銀行

図表のように，持株会社を作ったのはいいが，企業オーナー甲の売却代金5億円をそのまま預金担保として融資を行ったC銀行に差し入れています。これでは，甲は，この5億円を自身の対策に使うことはできません。もし甲が死亡したら，預金担保の5億円は，そのまま現預金5億円の額面で相続財産として残ってしまいます。さらに，長男だけでなく，長女など他に子供がいればどうなるのか？　遺留分の問題をどうするのか？　預金担保になっている拘束された預金を長女にあげるのだろうか？　保全（担保などを差し入れてもらい貸倒れリスクを回避すること）に気をとられるあまり，円滑な承継という論点を見過ごしている事例です。

1-5　でも，銀行員が持つ税理士のイメージも悪い

　今まで，読者の方々や税理士の方々の銀行に対するイメージを書かせていただきました。ただ，銀行員の持っている税理士の方々のイメージも，敢えて言わせていただければ，次の図表の右側のように実はよくないと思います。銀行と税理士の方々の両方を知る立場として，この垣根を埋めるのは，実は税理士の方々であると思っています。

図表 1-5

税理士から見た銀行員	銀行員から見た税理士
○敷居が高い	○敷居が高い
○自己の都合で貸渋り、貸剥がす	○提案の邪魔をする
○弱いものいじめ的に金利を上げる	○安易な節税しかしない
○融資がわからない銀行員が多い	○税金が分からないと馬鹿にされそう
○ほっておくとリスク商品を売る	○融資をしらない。話にならない
○余計な事業承継対策を行う	○そもそもあまり関心が無い

この部分を払拭しませんか？

第2章

銀行員は，実は税理士を必要としている

> この第2章は，軽い読み物として目を通していただきたい。

2-1 当世銀行員気質
（今の銀行員はバーモントカレー？）

　表題を見て「バーモントカレーって何？」と思われた方も多いでしょう。これは，私の経験を表題にしたものです。

『オーナーがインド人の本格インドカレーの専門店に友人と行った際のことだ。友人は料理を一口食べただけで，後は料理に手を付けなかった。どうしたのかと聞いたところ，彼はこう言った。
　「実は，今日初めてインドカレーの専門店に来た。これは香辛料が効きすぎていて，俺には無理だ。そもそも俺は，社会人になるまで母親が作ったハウスのバーモントカレーの甘口で育ってきた。すまん。予想外に辛かった。これは俺の知っているカレーじゃない。」
傍らで聞いていたインド人のオーナーは，悲しそうにこう言った。
　「リンゴ（りんご）ニィ～，ハチミツ～ゥ（蜂蜜），カリー（カレー）ジャナイ！」
インド人オーナーにすれば，バーモントカレーは邪道だ。何せ，りんごと蜂蜜が，とろーり溶けているのだ。これはもうインドのカリーではなく，別の食べ物だろう。』

　今の銀行員についても，これと同じことが言えます。今の銀行は，事業の多様化に伴い，別の企業で勤務した多くの人達を中途採用で受け入れています。60～70歳代の古き良き銀行（？）を知っている方々には，全く異質の人達が集まっている組織と見えるでしょう。

『かつて，ある人からこんな話を聞いた。証券会社から中途採用で入行したある銀行員が上司に向かって，

第2章　銀行員は，実は税理士を必要としている

行　員：「課長！バリバリ，セールスして投資信託を売りますので，宜しくご指導ください。」
上　司：「いいね。さすが元証券マン。その意気だ！　頼んだよ！」
行　員：「はい！　がんばります！！　ついては獲物を下さい。」
上　司：「獲物？」
行　員：「いやだな〜。電話帳ですよ。電話帳！　これから電話ローラー（セールス）します。」
上　司：「・・・・。」

　この中途採用の行員は，電話帳で片端からセールスをする気だったのだ。この上司にとっては，何か異質なものと遭遇した感じがしたことだろう。この上司がすぐに注意したのは，言うまでもない。』

　銀行が投資信託を窓口で販売し始めたのは，確か平成10年12月からでした。その後，証券会社や保険会社からも多くの方々が，中途採用で銀行に入行されました。かつての銀行は，預金と国債しか取り扱っていなかったので，バブル期入行の筆者からすれば，証券会社や保険のセールスをしている人達は同じ金融関係者といっても，全く異業種の違う世界の人達という感じがしたものです。しかし，今は違います。支店に行けば，さまざまな経歴のいろいろな役割の銀行員が，実に多種の仕事を行っています。まさに，カリーの中にリンゴも蜂蜜も入っているバーモントカレー状態です。筆者もバーモントカレーは大好きです。あれはあれで，日本人の舌に合せた，日本人に受け入れられた"日本のカレー"だということです。

　今の銀行員も同じで，今の時代の今の顧客に合うように体質を変貌させたのです。言いたいのは，「古い銀行を知っている方々が持っている**銀行員は，プロパー社員しかおらず石橋を叩いても渡らない融通の利かない人種 ⇒ 故に，銀行は敷居が高い所**というイメージをまず変えてもらいたい。」ということなのです。

15

2-2 まず，押さえよう銀行員の特徴

　今の銀行は様変わりしていることを,「バーモントカレー」に喩えて述べました。ただ，組織の中で醸成される，変わらない特質のようなものもあります。次の図表をご覧ください。

図表　2-1
銀行員の三つの特徴

◎銀行員は臆病 　⇒税務リスクをとらない！	業務上発生した苦情等は管理報告が徹底されている。 ⇒リスクの可能性が少しでもあればアレルギーがある。
◎銀行員は世間知らず 　⇒ほとんどものを知らない！	銀行の常識は世間の非常識 ⇒枚挙に暇がないでしょう（これは推測して下さい）。
◎銀行員は上に弱い 　⇒基本的に上しか見ていない！	上司の評価が全て ⇒半沢直樹の世界です。

この三つは，彼らと接する前段階として抑えるべき重要なポイントです。

　「島本！　お前は喧嘩を売るつもりなのか？」と言われそうですが，銀行員以外の外部の方々と本音で付き合うなかでよく言われるのは，やはりこのようなことです。筆者も，銀行員時代はそんな傾向があったと感じ，自戒の念を込めて書かせていただきました。

2-3 時間に追われる担当者

「今の銀行員はバーモントカレーだ。」と述べました。特に，メガバンクには，さまざまな経歴のいろいろな役割の人達がいます。ただ，これらの銀行員の中で，皆さんが特に多く接する中核のメンバーは，支店で担当地域の融資先（特に中小企業）を持っている総合職の渉外担当者でしょう。

ここに，彼らの日常業務の一場面をイラストにしてみました（これは筆者の私見であることを付け加えます）。

図表　2-2
銀行今昔（金曜日）

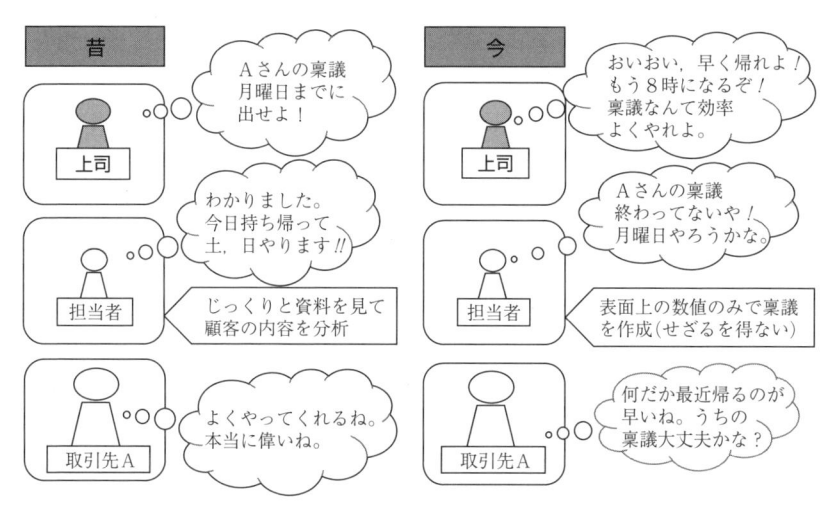

昔		今	
上司	Aさんの稟議月曜日までに出せよ！	上司	おいおい，早く帰れよ！もう8時になるぞ！稟議なんて効率よくやれよ。
担当者	わかりました。今日持ち帰って土，日やります‼	担当者	Aさんの稟議終わってないや！月曜日やろうかな。
	じっくりと資料を見て顧客の内容を分析		表面上の数値のみで稟議を作成(せざるを得ない)
取引先A	よくやってくれるね。本当に偉いね。	取引先A	何だか最近帰るのが早いね。うちの稟議大丈夫かな？

彼ら（渉外担当者）は，時間に追われています。

『自身のことで恐縮だが，30歳代の渉外担当の時は午後9時半ごろまで支店で仕事をしていた（効率的だったかどうかは別にして）。ただとにかく，報告が

多かった。支店内で使う会議資料，本部宛報告資料等，実にさまざまな資料を作成していた。その一方で，これといった取引先には，相応の融資を行っていかなければ自分のノルマをクリアーできない。また，取引先の決算書を見て融資の更改稟議（「更改」とは，期限に融資の内容を見直し期限を延長すること）もルーティーンで作成しなければいけない。時間はいくらあっても足りなかった。今となっては時効だが，土日には取引先の稟議ファイルを持ちかえり稟議の作成を行ったものだ。日曜日の朝，コーヒーを飲みながら稟議ファイルをじっくり見て，あれやこれや稟議を書くことが何とも言えず快感だった。資料の中で，「これはおかしいぞ。明日，取引先に，ここを聞いてみよう。」とか「この先はこんな取引先と取引があるのか。これは商斡旋になるぞ。」など，顧客の情報をじっくり読み解く時間が作ればあった。

　当たり前だが，今は違う。顧客情報の持ち出しなんて論外だ。システム化が進み，報告関係やルーティーンの業務は極端に少なくなった。ただ，その分，顧客との訪問頻度を高めることが要求されて，じっくり取引先の情報を読み解く時間はなくなっているのではないだろうか。夜は夜で，早帰りが要求される。月曜から金曜まで水曜の早帰り日を除いても，常時9時半まで残業することが許されている行員なんてそんなにいないはずだ。当時は，明日の稟議提出に間に合わせるため，自宅で徹夜なんてこともザラにあった。』

　昔がいいと言っているわけではありません。時代が変わったのです。稟議で徹夜をするのと，午後8時には支店を出され，稟議を気にしながら悶々とした夜を過ごすのと，どちらがよいのか筆者にはわかりません。ただ，限られた時間の中でとりうる選択肢はおのずと限られてきます。100点の稟議や事務処理あるいは情報収集ではなく，60点のそれで回していくしかありません（60点で及第点をもらえることが前提だが・・・）。それは当然，取引先に対する情報の質と量を表層だけの質が低く薄いものにしてしまうことになります。

第2章　銀行員は，実は税理士を必要としている

2-4　管理に追われる上司

　一方の上司は，どうでしょうか？　これまた時間に追われています。
　特に，中間管理職といわれる課長や次長は，管理職としての管理業務を行いつつ，支店の業績推進にも取り組む必要があります。支店長・副支店長に対する報告と部下の管理をこなしつつ，重要な案件であれば担当者の代わりに自ら取引先に出向いて交渉し，契約を締結するなど，「**プレイング・マネージャー（Playing Manager）**」として活躍することが求められています。今，この中間管理職の数ある役割の中で重要性を増しているのが，「**部下の動態管理**」と「**部下教育**」です。動態管理とは，**重要物**（顧客の名前や情報，印鑑が押されている契約書類や現預金・通帳など）を正しく格納管理しているか，顧客から依頼された事項（融資の申出）や苦情を処理や報告せず抱え込んでいないか，あるいは不正を行っていないか，指示された渉外活動を効率よく行っているか，などの行動面を管理することをいいます。
　そして，動態管理の結果に基づいて，部下に対して教育と指導を行うのですが，実はこのことが多くの中間管理職にとって頭の痛い問題になっています。部下に銀行業務のスキルやマインドを教え一人前の行員にしていくのは，上司の醍醐味の一つですが，つい力が入ってきつく注意してしまうと，「そんな言い方しなくてもいいじゃないですか！　僕は父さんにも叱られたことがないのに。」などと逆切れされることもあり（どこかで聞いたセリフだ。たしかガンダムの主人公のアムロが，「２度もぶった！　親父にもぶたれたことないのに！」と同じようなことを言っていた)，ともすると今はすぐに**パワー・ハラスメント**として，銀行のなかのコンプライアンスの相談室に直接訴えられたりします。銀行は，コンプライアンスに厳格で，特にパワハラやセクハラは，風通しのよい健全な職場を破壊する行為としてご法度です。訴えられた中間管理

職は，その時点で，管理職不適格の容疑をかけられてしまいます。中間管理職は，部下へ厳しく教育指導をしつつパワハラと訴えられないよう注意するという，実に大変な役割を負わされています。「今の若い奴は・・・。」3千年以上昔のエジプトのヒエログリフ（象形文字）かメソポタミアの楔形文字にもそんな文言があったようですが，筆者が若手行員の頃に上司から言われた「今の若い奴は。」のセリフは，今の若手行員に対する「今の若い奴は。」のつぶやきと，どうも重さと質が違うように感じられます。**今は，部下の行為一つで，上司のキャリアが大きく傷つけられる危険性を孕んでいます。「波風を立てずかつ実績も上げる・・・。」**，必然的に上司は部下の動態管理には熱心に取り組みますが，パワハラと言われるリスクのある部下教育の比重を下げ，業績を推進するため，部下の代わりに自ら取引先に出向き営業をすることになります。限られた時間の中で，今の銀行の上司もまた，大所高所に立ち融資先をじっくり見ていく・・・，そんな機会と時間を奪われています。

2-5 消化しきれない多彩な金融商品と目標

　銀行が取り扱う商品には，実にさまざまな物があります。第1章1項で述べましたように，そのベースは融資と運用です。融資とは，取引先に対して貸出を実行することです。銀行では，この融資のことを「与信」や「貸付」あるいは「貸出」などと，それぞれの銀行で呼ばれている総称で顧客と話しをしています（本書では「**融資**」という言葉で統一しています）。一方，運用とは，逆に取引先から預金を預かることです。

　運用については，普通預金の金利（年利：税引前）でも平成2年〜3年の頃には2％前後は付いていました。定期預金に至っては，金利が6％でした。1億円も持っていれば，税引後でも4,800千円（100百万円×6％×（1−所得税・住民税0.2）=4.8百万円）が利息として入ってきて，夫婦2人なら利息だ

20

けでも生活をすることは十分可能でした。

　一方で，長期融資の金利は，8％以上ついていました。単純に，滞留している普通預金（2％）の資金を1年間長期融資（8％）に回せば，6％の金利鞘が採れることになります。あの当時（平成の1桁台）の銀行の目標は，①融資（法人融資とローン）と②運用は定期預金の獲得が主で，それに③年金の口座指定の獲得や給与振込口座の獲得，クレジットカードやカードローンなどの獲得ぐらいしかありませんでした。③は，商チャンスや普通預金などの流動性を増やすためのツールとなるもので，このような銀行取引の糧道となっていくための仕組み的な商品を「**基盤項目**」などと呼んでいます。当時，収益は量に比例して獲得できる時代だったので，融資の実行額と定期の預入額及びその残高が主体で業務粗利益の達成率というのは，あまりうるさく言われていなかったように思います。今に比べれば単純な評価体系でしたし，その分わかりやすい時代でした。

　今はどうでしょうか？　今も主力が融資であることには違いはなく，
① **融資の実行額や残高**が目標の中の大きなウエイトを占めています。しかし，あの当時と大きく違うのは，
② **業務粗利益などの収益の達成率**も大きな目標となっていることです。更に，当時と全く違うのは，第**1**章で述べました，
③ **リスク性の運用商品の収益目標と残高**が主要な項目に入っていることです。また，業務粗利益の一部ではありますが，
④ **非金利収益**（預金や融資の金利鞘収益以外の収益）の獲得も相変わらず無視できない項目であって，これらの中では**デリバティブや証券**（**私募債**）及び**手数料収益**（コベナンツ・ローン（Covenants loan）やシンジケート・ローン（syndicate loan）に伴う手数料収入など）などが目標に入っています。

　さらに，メガバンクに至ってはグループ全体での収益獲得も大きな要素で，
⑤ **グループ会社の獲得収益**も目標となっています。たとえば，**グループの不動産仲介手数料やグループの保険代理店やリース会社が獲得する収益**の

一部，さらにはグループの信託銀行が獲得する信託手数料も業績の目標の中に織り込まれる体系になっています。
⑥ **基盤項目**に至っては，**NISAや教育贈与信託の口座獲得**が新たに主要な項目です。個人では，IB（インターネットバンキング（internet banking））の獲得数，そしてこれは絶えず言われていますがEB※（エレクトニックバンキング（electronic banking））と呼ばれる決済サービスの獲得件数なども大きなウエイトを占めています。

※ EBは，このFB，IBの総称です。FB（ファームバンキング（firm banking））は，企業がコンピュータと通信回線を使って，企業から銀行などの金融機関のサービス（残高照会や総合振込など）を利用することをいいます。FBとIBの違いは，FBは専用の端末を企業が保有しデータも専用端末に保存しているのに対して，IBは専用の端末を必要としないことにあります。IBは，データもWeb上の銀行のサーバーにあるデータを使用し，銀行のインターネットのWeb上で処理を行っています。

リスク性運用商品の中には，第1章3項で述べたように（特約付）外貨定期預金や投資信託，保険商品などがありますが，保険商品一つとっても，平準払の終身保険まで銀行は窓口販売を拡大しており，実にさまざまな保険商品を扱っています。

以上，ざっと銀行が取り扱う項目や商品を簡単に見てきましたが，実に多彩な商品を取り扱っていることがおわかりいただけたと思います。さらにまた，その目標自体もポイントで細かく設定されていて，銀行の各支店は同じマーケットの店舗ごとに獲得実績を争っています。

昔を回顧するわけではありませんが，平成10年頃，脂の乗っていた当時の銀行員は取り扱う商品のすべてを把握していたように思います。自身で商品のパンフレットを読み込み，申込みや書類の起票，発送にまで対応していました。融資についてもベテラン行員になれば，申し込む書類や担保設定の一式の書類をすべて取り揃えることができました。稟議を書き，実行伝票のすべてを記入して事務方に回す。ここまでやれて一人前の銀行員でした。今は，昔と違い，

一人の銀行員がこれらすべての商品を熟知し，顧客にセールスし契約し実行まで行うことは，もう不可能でしょう。銀行側もそれをよく承知していて，それぞれの専門部隊や事務方に役割分担をさせるようになりました。

　戦（いくさ）に例えれば，中世の昔は槍も弓も刀もすべて一人で使いこなし，金創（刀傷などの治療）まで自分自身でやらなければいけなかった。いわば鎌倉武士の"一騎打ちによる合戦"の時代から歩兵や騎兵，砲兵，輜重兵そして軍医まで役割が細分化した"戦争"という近代戦の時代へと営業体制が変わってしまったのです。

　ただ，戦争と違う点は，前面で戦うのが予測した作戦計画に基づいて行動が可能な軍隊ではないことです。取引先によっては，海外進出やIPO（新規公開）など，どんな質問や要求を言ってくるかわからない。こちらは歩兵で突撃しても，先方は予測不可能な高射砲や戦闘機で，いきなり攻撃してきたりすることもあります。それに応じて，こちらも砲兵隊や戦闘機を呼ぶ必要がありますが，それらは本部（本店）という遥か後方にしかおらず，全面には突入した歩兵のみ残されています。しかたなく，ここは歩兵に散発的な索敵攻撃をさせ，先方の状況（兵力や攻撃意図）を正確に報告させる必要があります。言いかえれば，ニーズを的確に把握するため渉外担当者（歩兵）には，ある程度の商品知識を持たせておく必要があるのですが，3項で述べたように，本当に限られた時間の中で，薄く広く商品知識を頭に入れておく，それはそれで結構大変なことだと思います。

2-6　単品商品によるダンピング競争

　前項までで，銀行の渉外担当者も上司も時間がなく，取引先の情報を分析してニーズを把握することができていないことを述べました。
『担当者は朝，朝礼や打ち合わせを行い，重要物の取出しや稟議の提出，取引

先から掛ってくる電話に対応していると直ぐに午前10時，11時になる。遅い昼食を済まして上司の指示事項に対応しているともう夕刻になり，夕刻には重要物をまた格納する。そして，波状的に予定されている会議資料の作成や推進担当者会などの打合せをこなせば，1か月はあっという間に過ぎてしまう。』

　このような状況のなかで，取引先の状況を把握して，数ある商品の中から的確な商品を選択したうえで提案を行うことは，とても難しいことです。しかし，取引先のニーズが的確にわかっていないとはいえ，目標は与えられているので，相応の実績はあげて行かなければなりません。このような状況のなかで行われることは，とりあえず渉外担当者に一定期間を設けて，主要な推進項目を対象先に悉皆(しっかい)セールスさせることです。これを「○○キャンペーン」などと言っていますが，1か月程度の期間を設けて行内あるいは支店内でセールスを行わせることが多いです。

　この絨毯爆撃の効果は，次のとおりです。

① 渉外担当者の限られた時間を，とりあえずその活動に集中させることができる。
② キャンペーン期間内とはいえ，取引先にその商品を認知させることができる。
③ セールスを繰り返すことで商品知識を精通させ，提案手法や成約手続の熟練度を上げさせることができる。

　その反面，デメリットも発生します。

① 獲得できそうな取引先に，いつも実績が集中する。
② 取引先も担当者も納得していないセールスであるため，互いに苦痛にしか感じない。など

　しかし，最も深刻なのは，「単品セールス」に落ち入ってしまう傾向が強いことです。具体的に見てみましょう。

『渉外担当がある取引先に行き，保証協会付き融資のキャンペーンについての会話が交わされた。

　銀行担当者：「社長，今日はマル保（協会保証付き融資）をセールスに来

第2章　銀行員は，実は税理士を必要としている

　　　　　　たんですが・・・。貴社は20百万円ぐらい無担保枠があるの
　　　　　　で借りてもらえませんか？」
取引先社長：「借りろ，借りろと言っても，借りたお金を何に使うの？」
銀行担当者：「いやー，運転資金にでも・・・。」
取引先社長：「運転資金は必要ないよ。それよりB銀行のマル保じゃない
　　　　　　融資がちょうど20百万円あるだろう？　あれを返すのに使う
　　　　　　のなら借りてもいいよ。」
銀行担当者：「・・マル保※で銀行の他の融資を返すのは「旧債償還※」に
　　　　　　なりますから，ダメです。」
取引先社長：「そんなことわかっているよ。ちょっと言ってみただけさ。
　　　　　　B銀行に担保の入っている神田事務所があるだろう。あそこ
　　　　　　を4階建てに立て直し，3・4階を私達夫婦の自宅として区
　　　　　　分所有する住宅ローン20百万円をB銀行に申し込んだんだけ
　　　　　　どさ，当社が1・2階を所有しているので区分所有の住宅
　　　　　　ローンはダメだって言うんだよ。土地はもともと私が相続し
　　　　　　ているし，担保価値は充分あるのにさ。」
銀行担当者：「そうですか・・・。」
取引先社長：「まあマル保は半年後に借りるよ。金利はいくら？」
銀行担当者：「1.0～1.3％です。市場金利の安いレートで対応できます。
　　　　　　A銀行には負けませんので宜しくお願いします。」』

※　【マル保】【旧債償還】
　　信用保証協会付き融資のことを，（マル保）と呼んでいます。詳細は，第❻章4
項を参照してください。また，保証協会付き融資を借りて保証条件にない既存の融
資以外の融資を返済することを，「旧債償還」と呼んでいます。この行為は，保証
協会付き融資が貸倒れ保証協会に代位弁済（債務者に代わり銀行への返済を行うこ
と）を行う際の否認要件となります。

　取引先の社長は，B銀行の借入の肩代わり案件20百万円と住宅ローン20百万
円の案件情報を銀行担当者に流しているのに，銀行担当者は（住宅ローンの知

識がないのか？）マル保にこだわりその案件の芽を潰しています。住宅ローンの申込人が経営する法人が一部所有する区分所有建物に住宅ローンを対応することにネガティブな銀行もありますが，これはケースバイ・ケースです。社長が望む神田営業所の担保設定状況は，おそらく土地に第一順位でＢ銀行の根抵当権，第二順位でＢ銀行系ローン保証会社の抵当権を，建物の１階・２階に第一順位でＢ銀行の根抵当権，３・４階に第一順位でＢ銀行系ローン保証会社の抵当権（いずれも土地・建物の共同担保）を設定することだったのではないでしょうか。担保関係のイメージがつかなければ，この会話の融資案件の本質的なネックはこれ以上追及できません。今の入行２～５年目の行員の中で，この担保部分の踏み込んだ会話を一体何割の行員ができるのか，大変失礼だが筆者は疑問です。担当者が犯したもう一つのミスは，社長の現状の持ち家状況を把握しようとしなかったことです。自宅を建てるなら今自宅を所有しているのか，いないのか，あるいは所有しているのならそれをどうするのか，マル保の話から離れ社長の状況をもっとよく聞くべきでした。旧自宅の売却については，不動産業者への仲介の手当が必要かどうか等，別の展開（商チャンス）も検討できたはずです。そして金利のダンピングです。担当者が本当に有用な提案をしてくれるなら，0.2％～0.3％金利が高くなっても銀行は変えないはずだと，筆者は考えます。

　このように銀行は，**融資先の情報収集が不十分** ⇒ **融資先のニーズがわからない** ⇒ **キャンペーンの名の下の単品商品の推進** ⇒ **商チャンスを逃し他行と差別化が図れない** ⇒ **ダンピング競争**という悪循環の道を歩んでいます。

2-7　提案型セールスへの渇望

　今まで述べたことを，図表にまとめると，次のとおりです。

第2章　銀行員は，実は税理士を必要としている

図表　2−3

銀行のイメージ（全体像）

縦書きラベル（右から左）:
- （パワハラ・セクハラ等の言動）コンプライアンスの徹底
- 内部報告資料の作成負担
- 情報漏洩の管理防止等
- 残業時間の短縮と早帰り
- 商品・事務手続きの細分化

↓

上司　　担当者

↓

融資スキル・与信判断の劣化

↓

顧客分析の不徹底

↓

提案型セールスから単品セールス

↓

安易なダンピング競争

↓

担当者の思考：「チワース!!　○○銀行です。何かありませんか？」

○与信管理ができない（保全（担保設定関係を含む）等の処理がわからない）
○他行借入残高に興味なし
○税制改正関係等の顧客のためになる情報を提供できない
○安易なフィービジネス（コベナンツ・私募債）に頼ろうとする
○デリバティブの安易な乱売
○基本的な素養の欠如（手形の資金化等がわからない）

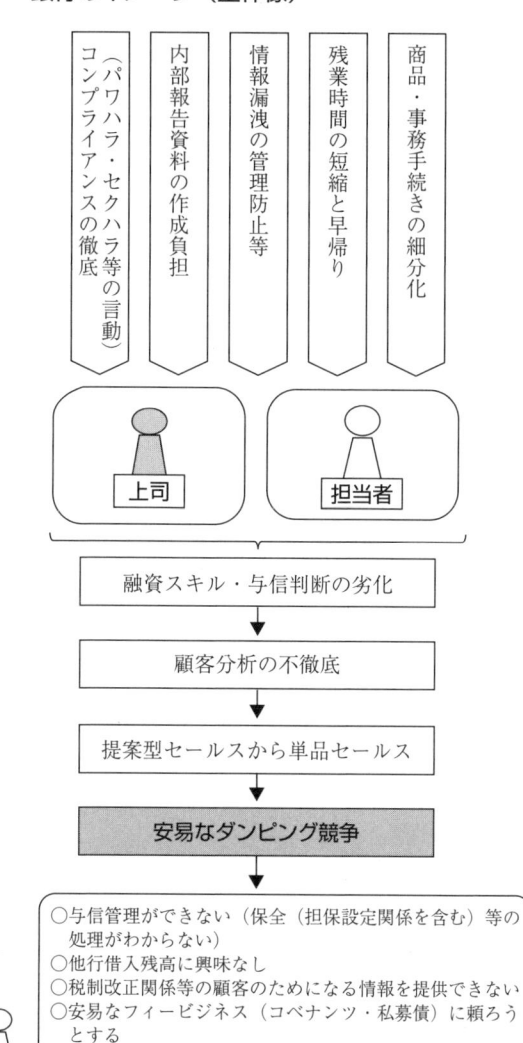

そして行き着くところは・・・三河屋のサブちゃん（御用聞き）！

27

銀行に勤めている多くの行員が，単品セールスがいいと思っているわけではないでしょう。なかには，「この土地をこう動かせば」とか「この融資をこう見なおせば」，あるいは「この取引先の紹介をしてもらおう」など，さまざまな提案セールスを考えている行員は必ずいるはずです。ただし，**彼らには時間がないのです。**

　もう一つは，10年近く前に行った通貨オプションの導入の弊害です。第**1**章3項でも述べましたが，あの**通貨オプションの獲得競争が多くの若手行員の足腰を脆弱なものにしてしまいました。**弱冠25，26歳の若手行員が一本通貨オプションを導入すると，取扱額によっては20百万円〜50百万円の収益を簡単に稼ぐことができました。中小企業に対して，足を棒のようにして融資ニーズを獲得するために営業する，そういった"汗のかき方"を多くの若手行員が忘れてしまったのです。彼らは年を重ね，今，中堅行員として支店営業の中核にいます。そして今，彼らは顧客に本当に喜ばれる提案型セールスを経験していないし，また，したいと渇望しているのではないでしょうか。そして，**その提案セールスのほとんどで，お金と物（資産）が動くはずであり，そこには税理士による税務の知識が必要不可欠なはずです。**

　「**銀行員は，実は税理士を必要としている。**」という本章の標題は，この提案型セールスに関連した筆者の結論です。

第3章

銀行に求められる税理士とは？

　第2章では，銀行員の今の状況などをお話して，彼らは提案型セールスを望んでいることを説明しました。また，銀行の取り扱っている商品などについても，簡単に説明しました。
　そのなかで，第2章で述べました銀行員にどうやって仕事を依頼してもらえばよいのかについて，簡単に述べてみたい。

3-1 彼らの実績に貢献してくれる人
　　　（定期預金，月掛けはもういいでいす！）

　本題に入る前に・・・。
　銀行の商品が多岐にわたっていることは，既に第2章で述べました。「積立てをやってあげるから，そこから取引を始めようよ。」とか「普通預金から大口定期を20百万円やってあげるから。」などと言って，銀行の実績に貢献したとまだ勘違いしている人達がいます。
　筆者は，信用金庫や信用組合あるいは一部の地銀のことはよくわかりませんが，少なくともフルバンクとしてあらゆるサービス商品をセールスし収益獲得を求めているメガバンクの目標のなかには，おそらく定期預金の純増や積立て預金の獲得件数は主要な目標ではないはずです。むしろ，リスク性の運用商品の獲得しか評価されない体系になっているのではないでしょうか（第2章を参照）。運用商品を主目標にしている個人営業向けの銀行員には，有難迷惑でしょう。あえて厳しいことを言うようですが，本当に何の実績にもなっていません。
　次の図表をご覧ください。

第3章 銀行に求められる税理士とは？

図表 3−1

| 銀行が仕事を依頼したい税理士とは・・・・ |
| 銀行の実績に貢献してくれる税理士 |

では・・・・

| 今の銀行が求めている実績とは・・・・ |

○融資の増強 ⇒ ①既存の融資先の融資増強，②新規先（地権者を含む）からの融資獲得 ← 税理士がサポートするのはこれ！
○運用先の獲得 ⇒ ①70歳未満先からのリスク性運用商品の獲得，②他金融機関からの運用替え
○決済収入の獲得 ⇒ 国内為替増強，外為取引の獲得
○デリバティブ・私募債・シンジケート・ローン等の手数料収益獲得
○事業承継案件（遺言信託等を含む）の獲得 ←
○基盤項目の獲得 ⇒ カードローン・クレジットカードなど

　この図表では，銀行が求めている実績項目を第❷章であげた項目からさらに要約して示しています。このなかで皆さんに貢献してもらいたい項目は，「**融資の増強**」と「**事業承継・遺言信託**」です。他は，税理士さんのパフォーマンスの発揮にはつながらないでしょう。

❸−2　融資を増強する先とは？

　それでは，銀行が融資を行いたいと思う先とはどんな先なのでしょうか。融資先の財務分析の判定等の詳細は第❺章で述べますが，ここでは大括りに，次の図表のように3パターンに分かれます。

図表 3-2
融資の対象者 ⇒ 概ね三パターン

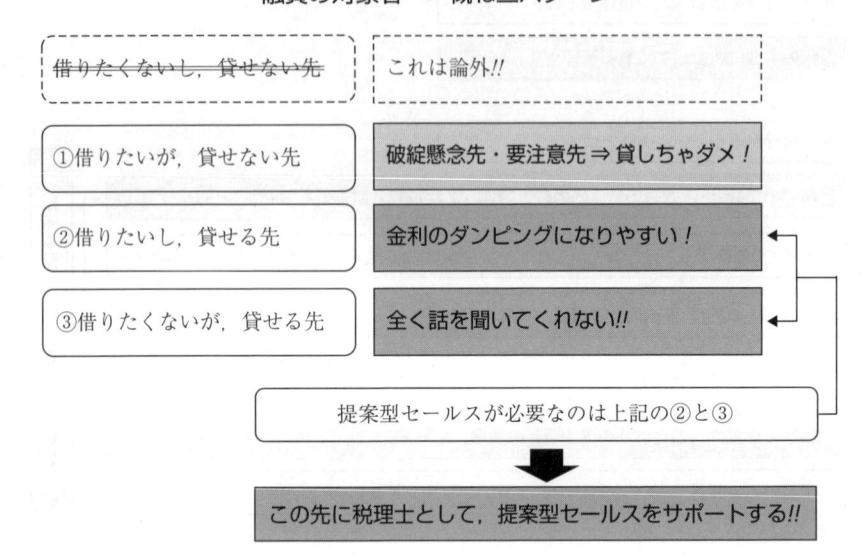

借りたくないし，貸せない先	これは論外!!
①借りたいが，貸せない先	破綻懸念先・要注意先 ⇒ 貸しちゃダメ！
②借りたいし，貸せる先	金利のダンピングになりやすい！
③借りたくないが，貸せる先	全く話を聞いてくれない!!

提案型セールスが必要なのは上記の②と③

↓

この先に税理士として，提案型セールスをサポートする!!

　この図表のなかの①はそもそも貸せない先であり，対象にはなりません（この破綻懸念先や要注意先の区別などは第**5**章でも少し触れます）。
　問題は，②と③の「貸せる先」です。②の「**借りたいし，貸せる先**」は，どこの金融機関も狙っています。ニーズがあり，一番セールスのしやすい先です。ただし，競争相手が多いだけに自然とダンピング競争なってしまいます。物品を販売している商売ならダンピングは値段の引下げですが，銀行のダンピング競争といえば，**金利の引下げ**です（第**4**章を参照）。お客さんは喜ぶでしょうが，銀行にとっては本当に利鞘の縮小だけとなり，むなしさだけが残ります。一方，③の「**借りたくないが，貸せる先**」は，本当に話を聞いてくれない。そもそも借りたくないのだから，金利の引下げなどどうでもよいのです。
　この二者に必要なのが，相手のニーズを喚起する**提案型セールス**であると筆者は考えています。読者の皆さんが融資のターゲットとすべきなのは，この②，③の先であることをまず，肝に銘じていただきたいと思います。

3-3 銀行が求めている税理士像
（最初の出会いは新規だった・・・？）

　今まで，皆さんが対象にすべき銀行の商品が融資であり，狙うのはいずれにしてもハードルが高い「貸せる先」であることを述べました。ただし，一つ越えなければいけないハードルがあります。それは一番初めに銀行に皆さんのことをどうやって知ってもらうかです。

　これには，パターンがいくつかありますが，税理士さん各々の特質等もありますので，一概には言えません（詳細は別の機会に譲りたい）。ただ，銀行員が求めている税理士像から，彼らとの接触の糸口をつかむことはある程度可能です。

　次の図表をご覧ください。

図表　3-3
銀行が求めている税理士像

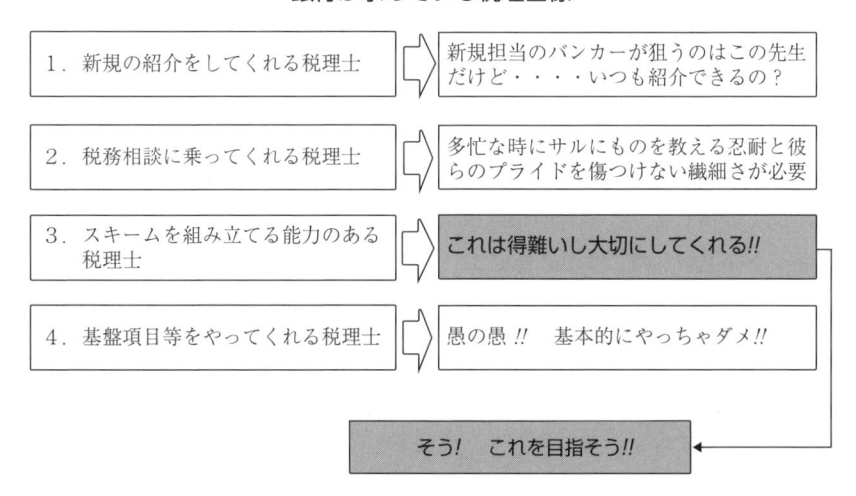

税理士像	銀行員のコメント
1．新規の紹介をしてくれる税理士	新規担当のバンカーが狙うのはこの先生だけど・・・・いつも紹介できるの？
2．税務相談に乗ってくれる税理士	多忙な時にサルにものを教える忍耐と彼らのプライドを傷つけない繊細さが必要
3．スキームを組み立てる能力のある税理士	これは得難いし大切にしてくれる!!
4．基盤項目等をやってくれる税理士	愚の愚!!　基本的にやっちゃダメ!!

　　　　　　　そう!　これを目指そう!!

銀行員のなかで，最初に接触を求めてくるのは窓口担当者で，彼らがセールスするのは「４．基盤項目」（第❷章５項を参照）です。口座開設時に可能な範囲でやってあげるのはいいですが，彼らは目標に追われて苦しいと，またやって来て，今度は事務所職員にもセールスしてきます。それもいいでしょう。ただ，セールスするものがなくなると，もう来ないでしょう。窓口担当者が上席から支店長席へと繋いでくれるのならいいですが，そうでないのならやめたほうがいい。何も残りません。やるとしたら，課長以上の上席の依頼があった場合のほうが恩を売りやすいと思います。

　次に来るのは，「１．新規の紹介」依頼です。これは新規の融資先を獲得すべく，昨今，税理士事務所を積極的に回っています。彼らと付き合うのは初手の段階では大切です。皆さんのなかで資金調達に悩んでいる顧問先を持っていればその助けにもなりますし，その案件を通じて皆さんの人となりや仕振りも銀行に知ってもらうことができます。そこから支店長などとのパイプにつながる場合もあります。ただ，毎回，毎回新規先を恒常的に紹介できるわけではありませんので，新規先を紹介しても謝絶しなければいけない案件も出てくるでしょう（第❻章１項を参照）。できれば，この段階から次の恒常的な接触が図れる段階にステップアップしてほしいと思います。

　それが，「２．税務相談」です。わからないことがあれば，誠意を持って対応してあげる。そこに必ず親近感が生まれます。また，その対応のなかから，「あの税理士さんは，税法によく精通しているな。」などの評価が店内に広まり，最終的に銀行主催の相談会やセミナーに講師として呼んでもらえる可能性が出てくるでしょう。銀行の相談役に徹するには，「サルにものを教える忍耐とキレない忍耐」の二つが必要です（第❼章１項・２項を参照）。

　そして最終段階が，「３．スキームの構築」の提案相談です。「あの先生に言えば，本当にいい提案スキームを考えてくれる。」とか「ちょっと相談に乗ってほしい取引先があるのですが，○日の午後○時，ご都合いかがでしょうか？詳細は，先方に行った時に先方から直接話してもらいます。」などと恒常的に依頼されるようになる。これが筆者の目指す「提案型セールス」の最終形です。

したがって，皆さんは，「1．新規の紹介」⇒「2．税務相談」⇒「3．スキームの構築」へと接触の段階をステップ・アップすることを，まずは目指してもらいたいと思います。

3-4　提案型セールスへの道【解答への道？】

なんだか，どこかの会計専門学校で見た表題のようですが，これまでのところを踏まえて，次の図表をご覧ください。

図表　3-4
銀行への提案型セールスへの道

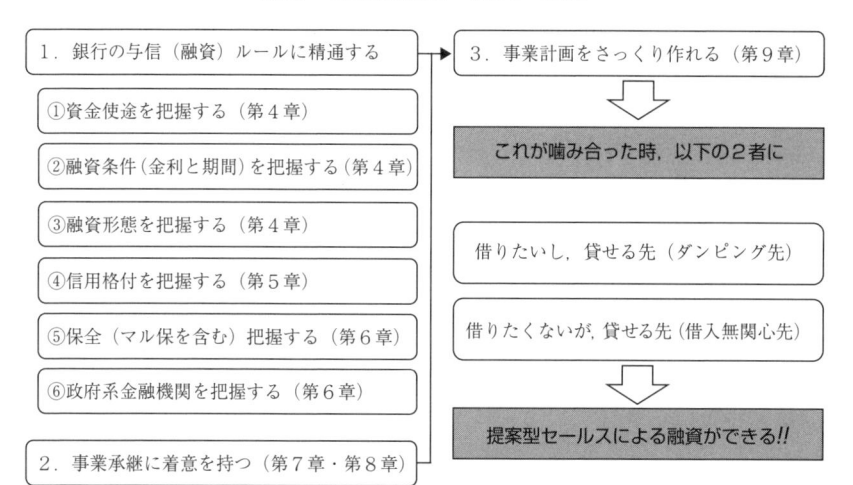

1．銀行の与信（融資）ルールに精通する	→	3．事業計画をさっくり作れる（第9章）
①資金使途を把握する（第4章）		↓
②融資条件（金利と期間）を把握する（第4章）		これが噛み合った時，以下の2者に
③融資形態を把握する（第4章）		
④信用格付を把握する（第5章）		借りたいし，貸せる先（ダンピング先）
⑤保全（マル保を含む）把握する（第6章）		借りたくないが，貸せる先（借入無関心先）
⑥政府系金融機関を把握する（第6章）		↓
2．事業承継に着意を持つ（第7章・第8章）		提案型セールスによる融資ができる!!

「2．税務相談」までは，活発な税理士の方々なら今でも結構やっているのではないでしょうか。ただ，次の「3．スキームの構築」までは，なかなか進まない。それを充足するためには，まず「1．銀行の与信ルールに精通する」ことです。項目は，①〜⑥に示したとおりですが，この項目のエッセンスは第

❹章～第❻章で取り上げています。したがって，皆さんは，わからなくなったら「今は，ここを説明しているんだな。」と，この図表に戻って確認ください。

　そして，融資の知識を使う，その題材は「**2．事業承継に着意を持つ**」であるところの事業承継案件です。この大切さは，第❼章，第❽章で取り上げています。皆さんが読みやすいように，ユーモアを交えて説明していますので，ぜひ目を通してください。

　そして最後に，「**3．事業計画をさっくり作れる**」，いうなれば提案型セールスを描く能力の習得です。これについては，第❾章でかなり具体的に図表などを用いて説明しています。

　この三つの項目がうまく噛み合わさった時に，2項で述べました厄介な融資対象先「借りたいし，貸せる先」あるいは「借りたくないが，貸せる先」への突破口が開かれると思っています。

第4章

銀行が最も売りたい商品，融資について知ろう

> いよいよ，第4章からこの本の核心である融資の基礎知識を取り上げていきます。疲れたら，休み休みしながら読んでほしい。あるいは飛ばして読んでもらってもいい。ただ，最後までどんな形でもよいので目は通してもらいたい。では，いきます・・・。

4-1 銀行の主力商品"融資"のプライスは 3要素で決まる

　今，銀行が販売したいのは"お金"です。当たり前の話ですが，銀行はお金を仕入れて，お金を売っています。この"お金を売る行為"が「**融資**」です。
　法律上の難しい話は，ここでは抜きにしましょう。
　この融資という行為は，現金を顧客の口座に入金することで，当然，相手にあげたわけではありません。利息を付けて定められた返済方法で，定められた期間までに返済しなければならない。すなわち，銀行の融資には「**期間**」と「**利率（金利）**」が設けられているのです。言うなれば，融資の"プライス"です。
　そして，この期間と利率（金利）を左右する最も重要な要素が"**お金の使い道**"で，銀行はこれを「**資金使途**」と呼んでいます。

4-2 お金に色はないが，融資には色がある

　「お金に色はありませんから，ヘッヘッ。」などと，笑いながら金権政治家に賄賂を渡す悪徳業者はドラマでよく目にするシーンです。しかし，融資にはすべて"色"が付いています。この融資に付いている"色"が，「**資金使途**」なのです。
　融資の第一歩は，"お金の使い道"，すなわち融資するお金を"何に使うのか？"，あるいは"何に使ってもらうのか？"という，この資金使途を認識するところから始まります。たとえば，従業員の賞与支給のお金を貸し出したの

に，賞与の支給に回らず街金（マチキン）の融資の返済に回っている。これは資金使途の違反です。上手くごまかせたつもりでも，そうはいきません。

翌期に提出されたその期の決算書の「**役員報酬手当及び人件費の内訳　⑭**」から，賞与の支給額がおかしいと，通常の融資担当者なら見抜くはずです（**5**項で詳述）。

このような取引先では，おそらく次の賞与支給の融資は難しいでしょう（あるいは「**前科もの**」として何らかの条件が付く）。

取引先が，「銀行さん。今度，工場を建てるので建築資金を1億円貸してもらえないですか。」という話があれば，やはり相応の期間で融資の対応をすることになります。毎年稼ぐキャッシュが10百万円しかないのに，「1年で返済してください。」などということは，常識からいって，まずありえないことです。

また，期間1年の融資と10年の融資では，当然，リスク（貸倒れるリスク）は10年の融資のほうが高いでしょう（担保や保証などの条件は同じだとして）。したがって，リスクが高ければ当然，相応の金利をとることになります。

こうやって，「資金使途」は，「期間」と「金利」という残りの2要素に影響を与えるのです。

「いやかつては，そうだった。」と言ったほうがよいでしょう（**8**項で詳述）。

資金使途は，次のように大別されますが，呼び名や体系は銀行によって，さまざまです。

図表 4-1
資金使途の一覧（大まかな体系）

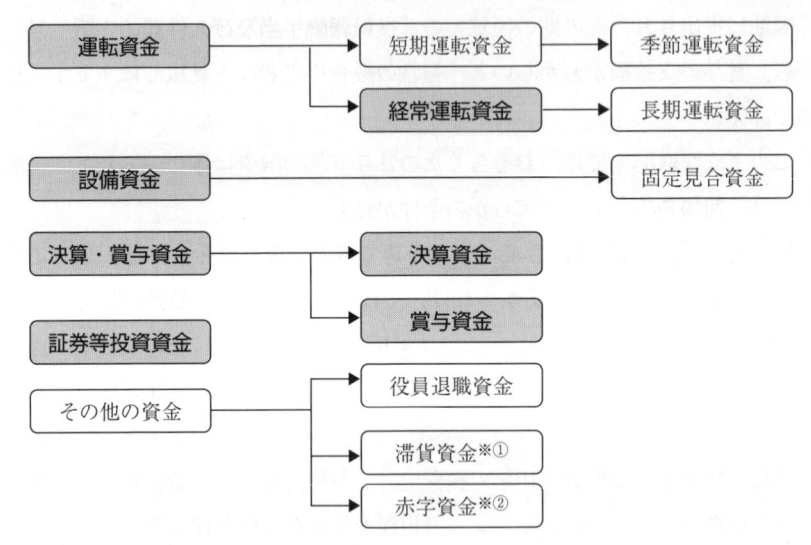

```
運転資金 ──┬─→ 短期運転資金 ──→ 季節運転資金
          └─→ 経常運転資金 ──→ 長期運転資金

設備資金 ─────────────────→ 固定見合資金

決算・賞与資金 ─┬─→ 決算資金
              └─→ 賞与資金

証券等投資資金

その他の資金 ─┬─→ 役員退職資金
            ├─→ 滞貨資金※①
            └─→ 赤字資金※②
```

※① 売れ残りの商品在庫の滞留分などに充てる資金
※② 赤字不足に対応する資金

　これらのうち，ここで抑えてほしい資金使途には，特に「**運転資金**」，「**設備資金**」，「**決算・賞与資金**」，「**証券等投資資金**」の四つがありますので，順に説明していきます。

4-3　いまさら聞けない「運転資金」

　『はるか昔に，自動車の購入資金を「運転資金」として申し込んだ会社が本当にあった。運転は運転でも意味が違う。』
　これは基本中の基本なので，熱く語ります。
　「運転資金」とは，商売を行っていくのに必要な売上と仕入の回収の"ズ

レ"から生じる不足資金のことをいいます。図表4－1のうち,「**短期運転資金**」というのがあります。この短期運転資金の代表例が,工事業者です。

　注文を受けて工事代金の入金が入るまで,業者のほうは資金が必要となるケースがあります。この入金までの先行した支払分の資金が,短期運転資金です。工事業者の場合は,特に「**工事の立替資金**」などともいいます。長い工事になれば,着手・中間時に注文先から代金を支払ってもらいますが,通常は,職人さんの外注費や資材購入資金などの支払が先行し立替資金が必要となります。

　また,「**季節資金**」とは,季節性の商品を販売するために支出する仕入資金などをいいます。たとえば,花火メーカーの資材の仕入資金や,そうめん業者の小麦粉などの仕入資金などは,1年中恒常的に発生するものではなく,通常は1年のうちのある時期に一括で仕入れを行います。そして,季節の書き入れ時(この事例では夏)の売上代金で返済をすることになります。

　これらの資金とは別に,通常「運転資金」といえば,「**経常運転資金**」のことを指し,「**正常運転資金**」ともいいます。わかりやすいように具体的事例を示すと,次のようになります。

　×年1月,㈱シマモト(資本金10百万円で1月初旬に設立,出資金は権利金に全額充当)は,卸売業を開始した。1月中に商品200百万円を掛けで仕入る。仕入れた商品うち,100百万円分を120百万円の掛けで販売する。
①　×年2月以降,毎月100百万円の商品を120百万円の掛けで販売し,売れた分だけ毎月,商品100百万円を掛けで仕入れる。
②　月中に発生した買掛金は月末で締め,翌月の末日に現金で支払い,半分を2か月の支払手形(期日は2か月後の月末)で支払う。
　一方,売掛金も月末で締め全額,翌月末に3か月の受取手形(期日は3か月後の月末)で支払う。また,会社の諸々の経費は毎月20百万円を現金で支給して行う(今後,借入が発生しても,この20百万円の範囲内でやりくりしていく)。

この事例をもとに仕訳を行い，毎月末の各残高を締めてみると，次表のようになります。

ちなみに，現金預金は資金の不足額を見たいので，月末の残高はマイナスで表示します（現実には資金が払えないでショートしていることになるのですが・・・）。

㈱シマモトの各月末の勘定科目（一部）の残高　　　（単位：百万円）

	×年1月末	2月末	3月末	4月末	5月末	6月末
売　掛　金	120	120	120	120	120	120
受取手形	0	120	240	360	360	360
商　　品	100	100	100	100	100	100
合　計(A)	220	340	460	580	580	580
買　掛　金	200	100	100	100	100	100
支払手形	0	100	150	100	100	100
合　計(B)	200	200	250	200	200	200
差引(A)-(B)	20	140	210	380	380	380
現金不足分	▲20	▲140	▲210	▲380	▲380	▲380
商品販売益	20	40	60	80	100	120

（詳細は，コラム『私の若手行員時代』(75ページ)を参照)

この事例では，立ち上がりから資金が循環する**5月末まで現預金が入ってきません**。

したがって，現預金は4月末までピーク380百万円の資金不足が増加することがわかります。毎月20百万円ずつ販売益が積み上がり，損益はマイナスにはなっていないのに（この例だと「収支は0円」）資金不足が発生しています。いわゆる「黒字倒産」です。この感覚は，細かく数値を捉えていかないと体感できません。

そして，この「差引(A)-(B)」のことを「**経常運転資金**」と呼んで，通常は次の算式で示されます。

第4章 銀行が最も売りたい商品,融資について知ろう

> 【経常運転資金の算式】
> 売上債権(受取手形＋売掛金)＋棚卸資産－買入債務(支払手形＋買掛金)

各月末の残高推移表を見てください。

5月末以降は,現預金のマイナスが380百万円のまま増加しません。これは,売上の回収分がようやく現金化されてきたからです。

以上のことから,事業を立ち上げる時に資金の不足を先読みし,380百万円をこの会社に貸し出せば,資金不足を避けることができます。

さて,この経常運転資金は,上表のような事業を行っている間は**経常的**に一定金額が必要になります（故に「経常運転資金」というのであるが)。ジェット機の水平飛行をイメージしてみてください。

この資金は,**通常,月々一定金額の元金（元本）返済をしなくてよい類の資金**とされています。理由は,くどくなるが恒常的に必要だからです。

しかし,次に変化が起こったとき,たとえば商品が2倍売れて,月の売上が240百万円に増加したらどうでしょうか？ 次の図表を確認してください。

(単位：百万円)

	現　状	売上増加後	増　減
売　掛　金	120	240	120
受　取　手　形	360	720	360
商　　　品	100	200	100
合　計(A)	580	1,160	580
買　掛　金	100	200	100
支　払　手　形	100	200	100
合　計(B)	200	400	200
差　引(A)－(B)	380	760	380

このように,経常運転資金は760百万円となり,380百万円の運転資金がさらに必要となります。この増加分を「**増加運転資金**」などと呼ぶことがあります。水平飛行の高度がさらに上がり,銀行にとってもウエルカムな融資です。

ただし，企業は生ものです。そこで，経常運転資金は月々の元金を返済しなくてもよい代わりに，入出金の条件が変わっていないかを確認します。

経常運転資金は，一般的には期間を1年間とするケースが多く，実務では，通常「極度」（融資の利用金額の枠のこと）を決めて，1年以内で見直しをします。

この1年後の期日の際に決算書をチェックし，資金の妥当性を審査します（これに関しては7項で詳述）。

4-4　そうだったのか「設備資金」

次に，「設備資金」。設備資金は，わかりやすいです。設備資金は何らかの新規設備を行ったときの支払代金です。銀行から借り入れる融資の金額も通常大きい金額となります。

抵当権の設定・抹消の登記費用を融資金額に入れるのか？　消費税はどうなのか？　などなど細かいことをいえばきりがありません。そこは取引している金融機関のルールや考え方に従うしかありませんが，設備資金の大前提は融資先が**捻出する**"**もうけ**"で融資の元金（元本）を返済することです。これを「**収益償還**」とか「**利益償還**」（収益償還とよくいうが，後で述べるとおり厳密には"収益償還"ではなく"利益償還"である）といいます。「**償還**」とは**返済**のことです。この収益償還に使う「**返済財源**」（「**返済原資**」ともいう）は通常，以下の算式で表されます。

【返済財源の算式】
当期純利益（税効果会計は勘案しない）＋減価償却費（再投資分を除く）

第4章 銀行が最も売りたい商品、融資について知ろう

この式の中で減価償却費を入れるのは何故でしょうか？

減価償却費は出費を伴わない費用であり，その分，現金が残る（留保される）からです。

そして，減価償却費のうち，毎期恒常的に設備に充当しなければならない償却分を差し引くこととなっています（「**減価償却費の自己金融機能**」などと学んだのでは？）。

さて，返済財源の話はこれくらいにして・・・。

設備資金の返済期間は，一般的に「その設備の残存耐用年数以内とすべし」といわれています。建物が朽ちて収益が生まれないのに，その建物に要した融資だけが残るのは収益償還上問題があるからです。特に賃貸不動産の場合は，その賃料収入で返済する必要があるので，中古不動産を購入した場合には残存耐用年数で収益償還できるかが問題となります。賃貸不動産の購入時の返済計画などについては，第❻章3項で詳述します。

たとえば，次のようなケースはどうでしょうか？

---
① 土地（更地）・・・・・・ 融資先の隣地（隣にある土地のこと）
② 購入金額　100百万円
③ 駐車場12台設置可能，駐車料金　2,880千円／年間
④ 経費（固定資産税等含む）　1,500千円／年間
⑤ 支払利息　1,000千円／年間（融資金額100百万円×金利：年1％）

単純に言えば，収支は380千円（2,880千円−1,500千円−1,000千円＝380千円）であり，融資元金の返済期間は263年超（100,000千円÷380千円≒263年）となります。これは厳しい。

土地（更地・駐車場）融資の最大のデメリットは，①収益が極めて低くなること，②減価償却がないことの二つです。

263年の融資なんて組めないことは，読者の方々にもおわかりでしょう。

このように単純な土地（更地・駐車場）の購入は設備資金の考え方には馴染みません。しかし，「**隣地は借金をしてでも買え**」，できれば購入したいところ

45

です。

　このケースの場合に，融資（貸出）担当者はどう見るのか，答えは簡単です。この融資先がこの融資を返せるかどうかで判断します。したがって，この土地以外から融資先が捻出できる返済原資が他にいくらあるのか，融資先の全体の収支状況を検討することになります。そして，この融資先の背景（「**融資先の属性**」などともいう）次第で期間が決まるのです。一般論ですが，通常の**収益不動産に対する設備資金の借入期間は長くて概ね20年程度**（本当に最長でも30年以内）で対応するケースが多いです。

4-5 「決算・賞与資金」は借り易く，貸し易い？

　決算確定後，納付する法人税等の納税資金を「**決算資金**」といい，また，従業員に支払う夏季，冬季の賞与資金の資金を「**賞与資金**」などと呼んでいます。
　従業員への賞与は，従業員の指揮・統制及びモラール（やる気）向上維持のためには欠かせない資金であり，通常「月の給与支給額の1か月あるいは1.5か月」というように算定支給されることが多いです。月額の給与のほかに，この賞与が一括で支給されるのだから企業にとっては資金負担が発生します。決算資金についても，課税所得に対して税率3割程度の納税額が課されます。決算申告と中間の半年ペースで納付するとはいえ，恒常的に資金負担が発生することが多いです。したがって，これらの決算・賞与資金を銀行で貸し出すわけですが，**通常は毎月一定の元金（元本）返済を行い，期間半年以内で完済を行う様にしています**。1年以上の長期にすると半年毎これらの融資が積み上がってしまうからです。
　たとえば，社会人になったばかりの事務所職員が入所してから直ぐに毎年春と秋にグアムかハワイに毎回3年返済程度のローンを組んで旅行に行くような

ケースを想像してください。半年毎の返済が必要であることは容易に想像できると思います。決算資金は通常，融資の実行と同時に納付書も銀行が預り納付手続きをとるケースが多いので，資金が納税のために使われたことを把握することは可能です。銀行は，①～③の理由で，この決算・賞与資金が好きです。

① 恒常的に半年に1回は資金需要が発生する。
② 顧客にとって担保などの煩わしい条件が基本的にはない。
③ 恒例だから融資の申し込みから実行までの期間が短く審査的にも楽。

したがって，決算・賞与資金は，他行との熾烈な競争となります。「借入が緩くて，借り易いぞ。」違う，そう甘くはありません。

たとえば，次のケースを見てください。

図表 4-2

従前 — 今期（×年6月）

取引先　A社

> 夏の賞与の平均支給額は平均給与月額300千円の1.5カ月分で450千円です。
> （300千円×1.5か月＝450千円）
> 従業員は50名いますので総額は22,500千円です。
> （450千円×50名＝22,500千円）
> このうち20,000千円を賞与資金として借りたい。

前期（×年9月末）

【×年9月期決算書】
人件費の総支給額
225,000千円

×年12月初旬

銀行

> 【審査担当者の目】
> 平均月額300千円からすると給与の総支給額は180,000千円だな。決算書の人件費の総額は225,000千円だから年間の賞与に回った金額は45,000千円だ。
> （225,000千円-180,000千円＝45,000千円）
> このうち夏の賞与は22,500千円か。
> （45,000千円÷2回（夏・冬）＝22,500千円）
> 先方の言っている内容と合っているな。

今回 — 前期（×+1年6月）

取引先　A社

> 前回同様，夏季賞与の支給総額は22,500千円で申込み額は前年同様20,000千円です。

今期（×+1年9月末）

【×1年9月期決算書】
人件費の総支給額
210,000千円

×+1年12月初旬

銀行

> 【審査担当者の目】
> 平均月額300千円からすると給与の総支給額は180,000千円だな。決算書の人件費の総額は210,000千円だから年間の賞与に回った金額は30,000千円だ。
> （210,000千円-180,000千円＝30,000千円）
> このうち夏の賞与は15,000千円か。
> （30,000千円÷2回（夏・冬）＝15,000千円）
> あれ，7,500千円少ないぞ！
> （15,000千円-22,500千円＝7,500千円）

48

第4章　銀行が最も売りたい商品，融資について知ろう

この図表から，状況はおわかりいただけたでしょうか。

『従来から22.5百万円の賞与総額に対して，20百万円を銀行が融資してきた。本年の夏季賞与も前年と同じ22.5百万円だと聞き，夏季賞与資金20百万円を実行した。そして夏が過ぎ，12月早々になって前期の決算書を入手し，冬季の賞与資金の申込みを検討することになった。その際に夏季賞与を見直したところ，実際の賞与支給総額が15百万円であった可能性が出てきたのである（図表の「審査担当者の目」を参照）。すなわち，**当期実行した20百万円と15百万円の差額５百万円は，別の資金使途に使われていた可能性が出てきたのだ。**』

毎月支給される給与は生活の根幹にかかわるもので，そう簡単に減額できません。しかし，賞与支給額の変更は，業績の良し悪しを従業員に納得してもらい減額することは月々の給与より容易です。この会社の場合には，売上が激減し業績が悪くなっていたから，従業員の了解は得やすかったはずです。今度は，次のケースを見てください。『決算書の総支給額から算出した金額と今期見込み額が同じ15百万円だった。ところが，稟議書に添付されていた融資資料の数値が次のとおりだった。』

融資担当者は，見逃しません。これはどういうことでしょうか？

【月末の各行の借入残高表】　　（単位：百万円）

		前年			本年		
		5月末	6月末	7月末	5月末	6月末	7月末
当行	短期融資	0	20	16	0	15	12
	長期融資	100	97	94	64	61	58
他行	短期融資	0	0	0	0	15	12
	長期融資	0	0	0	0	0	0

皆さんは，もうおわかりでしょう。

考えたくありませんが，他行からも従業員の賞与資金として借入を行ったのです。やってはいけない行為です。このように，賞与資金は別の資金に流用されやすいのです。皆さんの顧問先で，もしこのようなことに気づかれたら，賞与資金の流用は厳禁であるとアドバイスしていただきたいと思います。

4-6 バブリー？「証券投資資金」

　株式や不動産，ゴルフ会員権などの投資資産取得の資金を「証券等投資資金」といいます。「バブル入行組」の筆者にとっては，株式投資のための融資には相当アレルギーがあります。**財テク**なんて言葉に浮かれた多くの取引先と不良債権の山，山，山そして山。

　証券投資資金の返済方法も，かつては「購入有価証券の売却代金により一括返済」であり，はじめから償還に無理があったのです。証券等投資資金は外部からの借入で調達してはいけない，と取引先にもそう諫めてきました。しかし，時は移り，時代は変わりました。

　最近の証券等投資資金は，**①運用商品の投資資金から事業承継対策の融資へと様変わりし，②従来と違い返済は設備資金と同じく収益償還である**という特徴を持っています。

　事業承継のための証券等投資資金とは，一体どういうものでしょうか？
　以下に，事例で説明します。

① 　A　　社：非上場会社，従業員110名，配当無配，利益計上先
② 　A社役員：社長甲70歳，専務乙45歳（社長の長男）
③ 　A社株主：社長甲100％所有（1,000株）
④ 　社長甲家族：長男乙，長女丙のみ（妻女は既に死去）
　　　　　　　　事業は乙に承継予定。
⑤ 　社長甲資産：当社株式と現預金10百万円のみ
⑥ 　新設B社：長男乙100％出資
⑦ 　従業員持株会：社長甲の意向で従業員100名で設立予定
⑧ 　A社株価：類似業種比準価額方式＠500千円，純資産価額方式＠1,000

> 千円，小会社方式＠725千円，配当還元方式＠5千円
> ★ 社長甲からは，株式の移動に伴う金額を極力最少額にしてほしいという依頼あり。

《承継案》

(イ) 長男乙に　　　　　　50株　贈与（相続時精算課税制度適用）
(ロ) 新設会社Ｂに　　　　550株　譲渡
(ハ) 従業員持株会に　　　400株　譲渡

《必要金額もしくは納税額》

(イ) 長男乙は　　　　　　0千円（50株×500千円＝25,000千円，相続時精算
　　　　　　　　　　　　　　　課税制度の非課税枠を利用し贈与税は0円）
(ロ) 新設会社Ｂに　　　　398,750千円（550株×＠725千円＝398,750千円）
(ハ) 従業員持株会は　　　2,000千円（400株×＠5千円＝2,000千円）

　長男乙の贈与には，相続時精算課税制度を利用し，非課税枠25,000千円を適用しました。長男乙の当面の贈与税額は，0円となります。また，従業員持株会の取得金額は2,000千円で，従業員持株会の組合員の1人当たりの拠出額は20千円で済みます。

　ここで問題なのは，長男乙が創ったＢ社が買い取る550株の購入資金です。先方から最少額でという依頼があったので，小会社方式38％控除なしの価格（法人税基本通達9－1－14，所得税基本通達59－6）を適用します。この事例では，⑧の＠725円です。結果として銀行には，398,750千円のうち398,000千円の申し込みをします（750千円は自己資金）。

　わかりづらいので，次の図表を示します。

図表 4-3

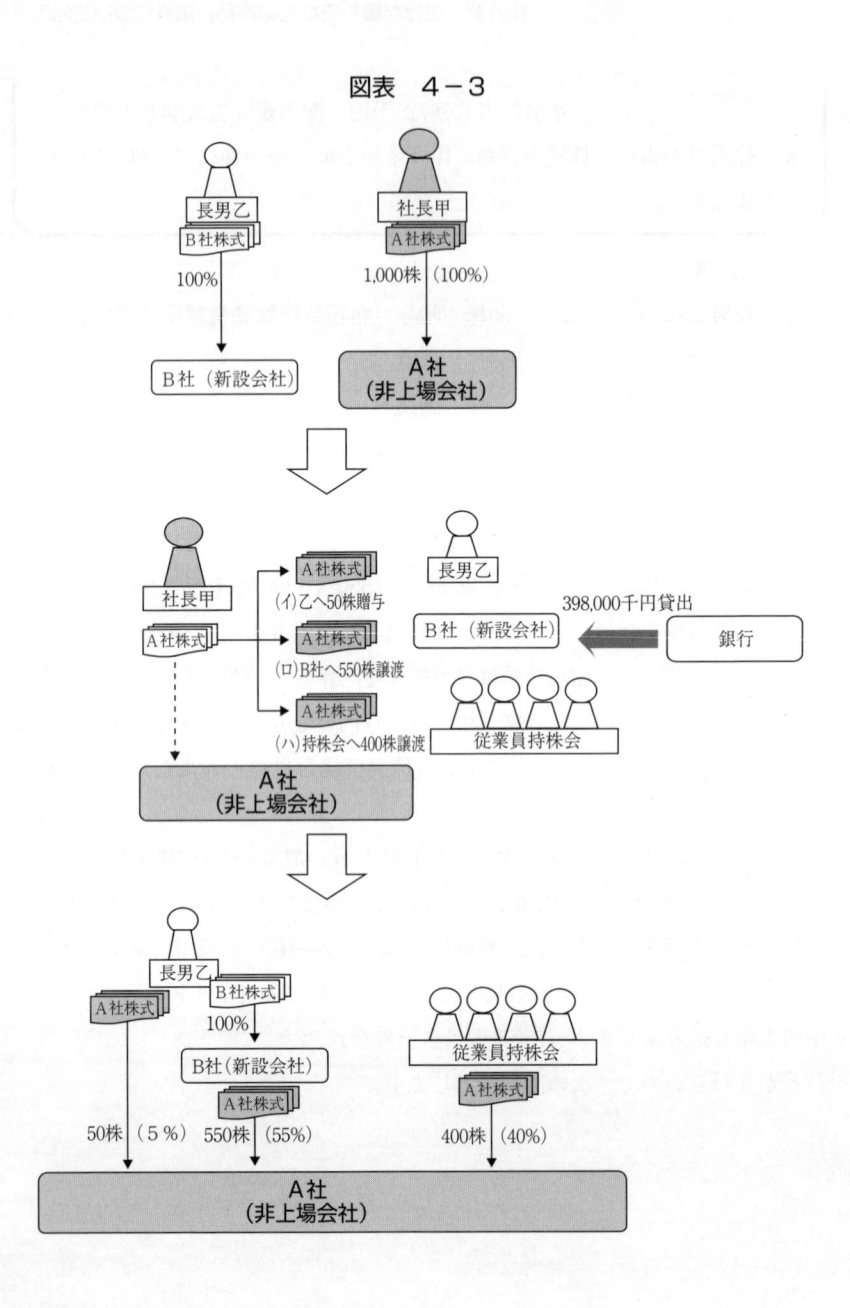

第4章　銀行が最も売りたい商品,融資について知ろう

　B社が申し込んだ398,000千円こそ,まさしく「証券等投資資金」の融資です。論点は,次の2点になります。
　① どうやって返すの？　ということと・・・。
　　　基本的には,A社からの配当金のほか,何らかの事業収益で返済することとなる。これは相当厄介な話だが,しかし対策はある。
　② 各関係者の取得したA社株の単価が,同じA社株なのに違っていてよいのか？
　　　結論からいうと,"可"だと考えます。判例※もあります。

※　非公開株式の譲渡で異なる価格の譲渡が争われた判例に,平成17年10月12日付東京地裁判決（平成15年(行ウ)第219号）がある。

　これは専門的であり,紙幅の都合上詳細に述べられませんが,筆者は本来,こちらが専門です。機会があれば,このような対策をまた読者のみなさんにお伝えしたいと思っています。
　「ちょっと待って。わざわざ銀行から借りる必要なんてないよ。A社がB社に対して398百万円をそのまま貸せばいいじゃないか。」という声がまず聞こえそうです。あるいは「社長の甲がB社に貸付ければいい。」という意見もあるでしょう。A社がB社に甲からの株式の譲渡代金を貸し付ける行為は,「資金が循環しているだけである。」とか「みなし配当金逃れ」の租税回避行為として嫌う専門家は多いです。判例があるわけではない（個人的には今後も出ないと思う）が,金額が金額なだけに気持ちが悪いということでしょう。一方で,甲がB社に貸付ける行為は,甲に398百万円近い金銭債権が発生することになり,相続税の問題が発生します。譲渡代金をもらった時と違い,相続時に他の相続人（長女丙）への分配（このまま貸付金398百万円を長男乙に承継させると長女丙の遺留分を侵害してしまうことになる）や不動産購入資金などへの転用が自由にできません。
　以上のような理由から,銀行が融資を行う場面が出てくるのです。**結論から言うと,この証券等投資資金の期間は,概ね5年が妥当（種々の条件を考慮しても最長10年）です。**

4-7 あるようでない,「融資期間」
(テール・ヘビー？ 期限の利益？)

　さて，今まで述べてきました資金使途のことについては，筆者の銀行勤務から学んだ経験知からのものですが，すべての金融機関に当てはまるわけではありません。ただ，考え方は"当たらずと雖も遠からず"だと思います。次の図表にまとめてみました。

図表　4-4

融資と資金使途・借入期間等の関係図

資金使途	返済原資	返済方法	期　　間
短期運転資金	対象売上の回収金	対象回収金により分割返済または一括返済	1年以内
季節資金	対象売上の回収金	対象回収金により分割返済または一括返済	1年以内
経常運転資金	売上回収金	一括返済	1年以内
長期運転資金	売上回収金	分割返済	3年以内(最長5年以内)
設備資金	事業利益 (当期純利益＋減価償却費)	分割返済	対象設備の耐用年数以内もしくは20年以内 (例外最長30年以内)
決算資金 (納税資金)	事業利益 (当期純利益＋減価償却費)	分割返済	半年以内
賞与資金	売上回収金	分割返済	半年以内
証券等投資資金	事業利益 (当期純利益＋減価償却費)	分割返済	3年から5年以内 (最長でも10年以内)

　この表を見て「【収益】と【利益】はどう違うの？」と思われた方もいらっしゃるでしょう。単純に言えば，次のような関係になります。

> 収益　＝　費用　＋　利益

このような関係から見ると,「賞与資金」は販売費及び一般管理費のカテゴリーですから,「収益」で返済します。
　では,「決算資金（納税資金）」はどうでしょうか？　これは,課税所得があって,そこに法人税等がかかったものですから,課税所得と会計上の利益には当然差異があり,一概には言えませんが,決算書の中で把握するとしたら「税引前当期純利益」になるでしょう。租税法の世界でいう「担税力」です。本当は生じた利益から返済するものですが,受取手形の期日が来ていないなど,収益としては計上しているが現金になっていない利益があるから納税資金として融資で対応した,ということです。
　そう考えると,納税資金を長期で借りることは間違っています。「証券等投資資金」は6項で述べましたが,今は利益償還が原則です。特に事業承継のための自社株式の購入資金は,その株式から生じる配当金や事業利益から返済するしかありません。
　このように書くと,「そうは言うが,私の顧問先は運転資金を長期の融資で対応しているぞ。」と声が聞こえてきます。しかし,冒頭で言ったとおり,銀行によって対応が違うんです。たとえば,運転資金でも,融資先が非常に優良な先で,「いちいち1年毎に見直すのはいやだ。」と言われたら,銀行としては長期で融資をせざるを得ない。また,設備資金なども,銀行が「期間20年で融資するのはちょっと心配だな。」と考え,「返済財源が業績によって増減する可能性もあるので期間を一旦,5年にしたい。」などと交渉をしてくることもあります。
　たとえば,設備資金100百万円に対して,年間5百万円の収益償還しかできない融資先があったとします。先方は,収益償還力から期間20年（100百万円÷5百万円＝20年）の申込みを行いました。ところが,銀行は,その融資先に20年もの期間を与えて融資を行うのは心配（収益償還能力や取引振りを再度検討したい。すなわち期間を20年間も見直しができないと,その融資先の実態が把握できない）でした（金銭貸借契約証書や銀行取引約定書には決算書等の報告義務がある旨を謳っていますが,実際20年の期間中,銀行は決算書などの提

出を**強要**できないと思う)。そこで,「期間を5年で一旦,区切らせてくれ」ということになったわけです。ただ,期間5年で返済をしてくれ,ということではありません。年間5百万円しか返済できない先に年間20百万円(100百万円÷5年＝20百万円)の返済は無理です。

この場合は,返済を年間5百万円とし,5年後の期日に残額75百万円(100百万円－(5百万円×5年)＝75百万円)を返済することにします。そして,期日に再度75百万円の元金に対して,約定返済額や期間を見直し,この融資を延長(「更改」や「書換(カキカエ)」ともいう)するということです。これを銀行では,「**バルーン**(balloon)返済」(最終元金が急激に増加するのをバルーン(風船)の形に喩えている)とか「**テール・ヘビー**(tail heavy)」(尻尾が重いことに喩えている)といいます。

「**期限の利益**※」というのをご存じですか？　わかりやすく言うと,「定められた約束を守って(定められた日にきっちり利息や元金の返済を行って)いると融資の全額返済を請求されない」ということです。たとえば,返済の約束をきっちり守れなくて月々の返済日にいつも入金が遅れ延滞になる,こんな先に10年や20年の融資は組めません。債権回収をやった銀行員なら,この辛さはわかります。筆者が融資担当だった頃の業務が,主要な延滞常習先に返済が滞るたびに電話で督促をすることでした。延滞常習者への毎度毎度の督促・・・。銀行は,時間も電話料金も浪費することになり,中には「うるせえ。」と怒ってくる取引先もあります。このような取引振りが悪い先や資金管理の甘い先には,この「期限の利益」を長く与えることはできません。

> ※ 【期限の利益】
> 　　期限が到来するまでは,当事者は債務の履行を請求されないとか,権利を失わないなどの利益を持つが,期限がまだ到来しないために当事者が受けるこのような利益を期限の利益という。(中略)民法は(中略)期限の利益は債務者のために存在するものと推定している〔民136①〕。
> 　〔平井宜雄ほか編『法律学小事典〔第4版補訂版〕』(2008年)178ページ〕

以上長々と述べましたが,結局,**融資期間は**「**あるようでない**」のです。融資先と銀行の信頼関係や取引振り,または「この先に何とか新規融資をした

い！」というような，実はそんな**銀行サイドの政治的思惑で決まる**というのが正解なのかもしれません（融資期間等の審査判断については第❻章３項を参照）。

❹-8 「固定見合資金」ってなに？

　皆さんが，ある時，顧問先の社長からこんな相談を受けたら，どうしますか？
　　「先生，聞いてよ。頭にくる。A銀行は融資する時は，"どうぞ，どうぞ，返済は結構です。"なんて調子のいいことを言っていたのに，この間の更改時に"月々返済してもらえませんか"なんて言ってきた。貸し剥がしだ。貸し剥がし。」
　それに対して，「それはひどいですね。」なんて調子を合せているだけなら，それは顧問先のためになっていません。この会社のバランス・シート（以下，「B/S」と略記する）が，次の図表のように変化していたとしたらどうでしょう。

図表 4-5

① 前期（×年12月末） （単位：百万円）

売　掛　金	120	買　掛　金	100
受　取　手　形	360	支　払　手　形	100
商　　　品	100	借　入　金 （経常運転資金）	380
権　利　金	10	純　資　産	10
合　　　計	590	合　　　計	590

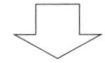

② 今期：支払手形の期日延長後（×+1年6月末） （単位：百万円）

売　掛　金	120	買　掛　金	100
受　取　手　形	360	支　払　手　形	200
商　　　品	100	借　入　金 （経常運転資金）	280
現　金　預　金	105	借　入　金	100
権　利　金	10	純　資　産	15
合　　　計	695	合　　　計	695

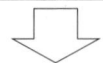

③ 支払手形の期日延長後（×+1年12月末） （単位：百万円）

売　掛　金	120	買　掛　金	100
受　取　手　形	360	支　払　手　形	200
商　　　品	100	借　入　金 （経常運転資金）	280
土　地　建　物	100	借　入　金 （固定見合資産）	100
現　金　預　金	10	純　資　産	20
権　利　金	10		
合　　　計	700	合　　　計	700

第4章 銀行が最も売りたい商品，融資について知ろう

注目するのは，支払手形です。

②のX＋1年6月末に，支払手形が2か月から4か月に延びた（あるいは延ばしてもらった）ことが推測できます。支払手形の期日が延びて，支払手形の残高は100百万円増加し200百万円となりました。その分，経常運転資金は減少します。②で現金が増加しているうちの100百万円は，経常運転資金（380百万円 ⇒ 280百万円）が減少したことによる増加分です。そして，③はX＋1年12月末，すなわち決算期末のB/Sです。

この決算書を見て初めて，銀行は，この会社に運転資金として融資した380百万円のうちの100百万円が設備資金に転用されてしまったことに気付きます。この会社は，余剰となった現預金100百万円で，不動産（土地・建物）を購入してしまったのです。この会社もおそらく悪気はなかったのでしょう（？）。しかし，銀行としては，間接的とはいえ，設備資金に回ってしまった100百万円相当分を，このまま1年間延長することはできません。ちょうど利益も出ています。このB/Sでいうと，10百万円は収益により生じたものです。設備資金は，「収益償還」が大原則です。そこで，今回380百万円の借入期日に際し，設備資金に転用した分の100百万円相当の元金に「約定返済を付けてくれ」と言ってきたのです。これは"貸し剥がし"ではありません。

通常，銀行は，経常運転資金のこの流用分を「**固定見合資金**」とか「**設備見合資金**」と言っています。**固定見合資金は，通常その流用分を分離し，約定返済を付け残高を減らしていき，1年毎に見直すことが多いです**。しかし，先の社長の発言のように，このような誤解で感情的なトラブルに発展することは結構あります。皆さんが，銀行と顧問先のこのような不要な摩擦の間に立って，冷静な仲裁役になっていただければと，筆者は切に願っています。

4-9 短プラは本当に短プラ？（「貸出金利」について）

表題の意味がわらないかもしれませんが，暫くお付き合いを・・・。
次の図表をご覧ください。

図表 4-6
銀行貸出に適用される主要金利一覧

（レートはある銀行の呈示レート）

基準金利	現在の水準 (2014年10月末)	解説
短期プライムレート ※①	1.475%	銀行が1年以内の短期融資に適用する最優遇貸出金利のこと。1989年以降は，譲渡性預金（CD）に連動して決められるようになった。「短プラ」と略して呼ばれている。短プラは各銀行が独自に表示する最優遇貸出金利であり，各銀行により利率が異なる場合がある。
長期プライムレート （3年以内）	1.775%	かって，長期融資に適用していた最優遇貸出金利は「興長銀レート」などと呼んでいたが，現在はこの新長期プライムレートが多く適用されている。たとえば，短プラが1.475%の場合，期間で以下のとおり長期プライムの金利を分けている金融機関が多い。 (1) 3年以内の融資に左記上段「短プラ+0.3%」 (2) 3年超の融資に左記下段「短プラ+0.5%」 ただし，現在は「スプレッド融資」が普及しており，金利が割高となる左記金利が適用されるケースは少なくなってきており，最優遇の長期金利ではなくなっている。
長期プライムレート （3年超）	1.975%	
TIBOR	期間により細分化 （参考：ある銀行のレート水準は1か月以上2か月未満で約0.14%）	"Tokyo Interbank Offered Rate"の略で，東京の銀行間取引金利のこと。「タイボー」などと呼ばれている。通常TIBORとは「全銀協TIBOR」を指し，円の短期金利の代表的な指標金利として広く活用されている。全銀協TIBORは各銀行が提示するレートのうち，上位2行，下位2行を除外したレートを平均して算出される。TIBORは，以下の2種類がある。 (1) 全銀協TIBOR 本邦無担保コール市場の実勢を反映したレート (2) 全銀協ユーロ円TIBOR 本邦オフショア市場での実勢を反映したレート なお，各銀行が通常取引先に適用しているTIBORは，この全銀協円TIBORに準じたレートであるが，全銀協TIBORと

第4章 銀行が最も売りたい商品，融資について知ろう

		は異なり，各銀行が独自に提示しているTIBOR※②のことである。
固定金利※②	期間返済条件等により細分化	固定金利は通常，国債の長期金利等の影響を受けているが，借入期間や約定返済額の設定の仕方（「アモチ」）※③で基準金利が種々異なる。

《参考価格》
ある銀行の2014年10月末の住宅ローン金利

住宅ローン変動※④	0.775％（最低比率）
住宅ローン固定10年	1.200％（最低比率）
住宅ローン固定20年	2.00％（最低比率）

※① 短期プライムレートは，当座貸越や手形割引などの短期融資に利用されてきたが，現在は当座貸越（特別当座貸越）や割引にも「スプレッド融資」が適用されることが多くなってきている。
※② 国内融資で「市場金利連動融資」というと各銀行が独自に提示しているTIBORとこの固定金利のことを指しているようだ。
※③ 「amortization」の略。元金に償還を付けることを，銀行では「アモチ」と呼んでいる。融資の中には約定返済を付けずに期限一括返済する融資と，約定返済を付ける融資があるが，「アモチ付きの融資」とは後者のことを指している。
※④ 金利には，基準金利が上下すると融資金利も上下する「変動もの」と一度決定した基準金利で一定の期限（期間）まで，レートが変更しない「固定もの」の2種類があるが，厳密にいうと「変動もの」は「連動金利」と「変動金利」に分かれる。
　(イ)「連動金利」は通常，利息返済時に基準金利が上がっていれば直ぐに金利引上げを行うもので，通常の銀行融資は「連動金利」を適用している。
　(ロ)「変動金利」は，住宅ローンなどに用いられる制度である。たとえば，4月1日と10月1日現在の適用金利により7月からの返済分，1月からの返済分の金利見直しが行われるなど毎月（回）の利払いごとではなく，年2回など一定の見直しルールに基づき，金利を改定するものである。（このルールだと金利が毎月上がったとしても1月と7月からしか金利（しかも10月1日と4月1日の金利）を引き上げられないことになる。）

「**短期プライムレート**」とは，銀行が出す「最優遇貸出金利」をいい，「**短プラ**」などと略して呼びます。表中のレートを参考にすると，短プラは現状，住宅ローンの変動金利よりも高く，現行の住宅ローンの金利は，変動ものでも1％を割っています。「最上（prime）のレートじゃないのか？」当然こんな疑問が出てきます。かつては最優遇でしたが，今は違っていて，現在，銀行の融資のほとんどが「スプレット融資」といわれるものになってきています。これが，短期の基準金利である「**TIBOR（タイボー）**」です（長期固定の場合は「固定金利」）。

　これらスプレッド融資は，基準金利にスプレッド（利鞘）を載せています。このスプレッドが銀行の取り分（儲け）になります。銀行員の中には，利鞘のことを「今回の融資は○○ベーシスで行こう。」などと呼んでいます。これは，

61

「ベーシスポイント（basis point）」の略で，「bp」と表記します（1bpは0.01%のこと）。たとえば，大手企業の銀行担当者などは先方に対して，「今回うちは1,000百万円の融資をスプレッド50ベーシス（0.5%のこと）でやりますよ。」などとセールスしているのではないでしょうか。ただし，このTIBORや固定金利がどうやって決まるかの説明は，紙幅の都合上割愛することをお許しください（ある程度の必要知識は，上の図表に記載した）。

ただ言えるのは，
① 固定金利の場合は，顧客に提示するレート（これを「対顧レート」と言ったりする）しか示さないので，銀行が利鞘をいくら取っているかわからないケースが多い。
② 固定金利の場合は，中途で完済すると住宅ローンと違い「違約金」がかかるケースがある。

ことです。金利の相談を顧問先からされた時は，保証料率などを含むオール・イン・コストで何パーセントかを判断することが重要です（**12項を参照**）。

4-10　欲しいのは自家用車？　トラック？ バス？（「融資形態」について）

車の話をしましょう。
　自家用で使うときは自家用車，業務用の重い荷物を積載するのならトラック，多くの人を輸送するのならバスというように，車も用途によってさまざまな種類があります。融資も同じで，どのような用途でお金を借りるのかによって，種々の商品に分かれます。これが**「融資形態」**で，この融資形態もまた重要な要素です。
　次の図表をご覧ください。

第4章 銀行が最も売りたい商品，融資について知ろう

図表 4−7
融資形態と資金使途・借入期間の関係図

期　　間	融資形態	資金使途
短　　期	手形割引	●短期運転資金
	手形貸付	●季節資金
	当座貸越	
	特別当座貸越	●経常運転資金
	証書貸付(短期)	●決算・賞与資金
長　　期	証書貸付(長期)	●長期運転資金
	私募債	●設備資金

　この融資形態を決めるものは，資金使途と長期か短期かの借入期間です。みなさんは，銀行の融資形態には六つぐらいの商品があることを知っていていただければ十分しょう。以下，順に説明していきます。

4−11 「手形割引」には"家柄"がある

　「**手形割引**」とは，融資先（「銀行取引約定書」の契約締結者）が満期前の手形を銀行などの第三者へ裏書譲渡し，満期日までの利息に相当する額や手数料を差し引いた金額で換金することをいいます。手形割引を依頼したものを割引依頼人（融資先のこと），手形を割り引いたものを割引人（銀行のこと），割り引かれた手形のことを割引手形といいます。この手形割引の行為を「**割手（ワリテ）**」とか「**商手（ショウテ）**」などと呼んでいます。そして，手形割引は，満期による決済によって無事完済となります。

　運転資金の項目で用いた㈱シマモトの事例（3項を参照）で具体的に見ていきます。㈱シマモトは，受け取った手形を手形割引により対応すれば，資金需

63

要は残り20百万円（経常運転資金380百万円−手形残高360百万円＝20百万円）のみを別の融資形態で対応すればよかったことになります。ただし，割引手形が不渡りになれば，銀行はこの割引依頼人（融資先）に不渡手形を呈示し，手形の額面金額を支払ってもらうことになります。
　よって手形割引は，次の２点が大きなポイントとなります。
① 融資先がこの手形を買い戻す能力があるか。
② 手形振出人がこの手形を決済できるのか。
　この二つのうち，特に重要なのは②です。
　あまり信用できない融資先であっても，手形を振り出した先（これを「**手形銘柄**」という）が非常に良い先なら，理論上は手形割引を行えます。銀行は，手形銘柄（すなわち"家柄"）が良いと安心できるのです。手形の"家柄"は，いうまでもなく上場優良企業であればいうことはありませんが，信用調査会社が高い評点を付けている先や同じ銀行の中の優良取引先などもこの"家柄の良い先"にあたります。もっとも，上場企業などは"手形レス化"と称して「でんさいネット」なるシステムを導入し始めていますから，従来の手形に裏書を行って割り引く形態ではなくなってきています（手形割引の仕組みは，この「でんさいネット」でも利用は可能）。
　一方で，家柄の悪い先もあります。たとえば，信用がない融資先（手形割引依頼先）のグループ会社が振り出した手形や信用調査会社が低い評点を付けている先が振り出した手形です。特に前者のケースは，実質同じ融資先に直接融資をしているのと同じことになります。こういう先は「**ハウスビル（house bill）**」と呼んで，以前はハウスビルの割引残高が増えないように融資審査担当者は注意していました（手形割引についてはコラム『伝説の課長』（79ページ）を参照）。

4-12 ショウガシ(「証書貸付」)の取扱いで品定め

　昔,「証書貸付」に対する会社の取組み方で,その融資先の品定めをするように指導を受けたことがありました。

　たとえば・・・,

① 　社名判,銀行印・実印を斜めや逆さまに押している会社
② 　社長や部長などの役席者が,金額や社印の押印あるいは借入金額の記入押印せず,事務の女性などにやらせている会社
③ 　金銭消費貸借契約証書のコピーや写しを要求しない会社
④ 　金銭消費貸借契約証書を丸めたり折り曲げたりしている会社
⑤ 　届出印を毎回,間違えて押印する会社
⑥ 　会社の銀行印や実印を机上に置いている会社
⑦ 　金利や約定返済について銀行員に代筆させようとする会社

　このような対応をする先は,取引振りに注意するように教えられました。なるほど,このような取扱いをする先は,「金銭消費貸借契約」を含む融資という行為の慎重さにやや欠けていると感じるところが,振り返れば多々あったように思います。

　「証書貸付」は,**「金銭消費貸借契約証書」**により契約を締結して融資を行う形態です。

　「証書貸付」を「**証貸(ショウガシ)**」,「金銭消費貸借契約証書」を「**金消(キンショウ)**」などと略して呼んでいて,銀行の融資の中でも,この証書貸付が最もポピュラーです。証書貸付は,約定返済や適用金利などの細かな取決めをこの契約書に謳うことができ,主に借入期間が長期の元金返済の融資を行うのに適した融資形態です。

ただし、よく見ると裏面に「おやっ」と思う文言が印刷されています。たとえば、「借主は、債務不履行の場合には支払うべき金額に対し、**年14％の割合の損害金を支払うものとします。**」（遅延損害金）とか、「借主は、銀行が将来この契約にもとづく**貸付債権の全部または一部をほかの金融機関等に譲渡することを、あらかじめ承諾するものとします。この場合は、銀行から借主に対する通知は省略できるものとします。**」（債権譲渡）などというかなりシリアスな事項も謳われています。先の「品定め」ではありませんが、**まず約定の雛形をもらい内容（記載条項）を十分確認し、納得した上で記名押印を行うことを**お勧めします。最近では、多くの銀行で借り手側への控えが出ますが、もし、ないようであれば**コピーなどの控えを必ずもらうように顧問先に指導してください。**

4-13 テガシ（手形貸付）は怖い！

『経常運転資金の申込みを受けたが、長期の融資ではないので証書貸付は馴染まない。しかし、当座貸越（14項を参照）などの他の融資形態を行うにはまだ、あまり信用できない。』

「**手形貸付**」は、こうしたときに適した融資形態です。具体的には、手形貸付は融資先が銀行を受取人とする約束手形を銀行に振り出して融資を受けます（銀行は、この融資形態を「**手貸（テガシ）**」と呼んでいる）。また、この約束手形には裏書人がなく、手形上の債務者が融資先のみであることから、「**単名手形（タンメイテガタ）**」や「**手貸単名（テガシタンメイ）**」などとも呼ばれています。

『はるか昔、この手形貸付を行っていた融資先があった。取引振りが極めて悪く困っていたそうだ。要は、手形の期日に書換に来てくれないのだ。伝説の課長は、その会社の社長にすかさず電話し、「社長、この手形ねえ、取立に回し

ましょうか？」とやんわりひと言。社長は，数分のうちに書換に来店したそうだ（今だと「優越的地位の濫用」になるかも？）。』

　手形貸付は約束手形であり，「手形債権」としての法的要素もあります。手形交換所に取立に回すこともでき，決済ができなければ「不渡り（１号不渡り）」として全金融機関に通知されます（融資先は，その時点で実質的に事業をできなくなる）。さらに，債権回収の時も「手形訴訟」という簡便で迅速な法的処理を採ることができます。このように，手形貸付は，銀行にとっては返済履行を強制させることが可能な融資形態ですが，逆に借り手にとっては恐ろしい融資形態です。ただし，借り手にも利点があり，証書貸付に比べ収入印紙が安いのです。１億円の融資をしたとすると，証書貸付に貼付する収入印紙税が６万円なのに対して，手形貸付は２万円で済んでしまいます。融資先の中には，その銀行の約束手形帳を切り，積極的に手形貸付を行う先もあります。金利は，スプレッド融資にすることもできるし，約定書を差し入れて元金均等返済（分割返済）を付けることも可能です。

　筆者は，皆さんの顧問先が手形貸付を**収入印紙が安い**という理由だけではなく，**銀行が顧問先をどう見ているか**，にも注目して選ぶように指導されることをお願いしたいと思います。

図表　４−８
手形貸付の仕組み

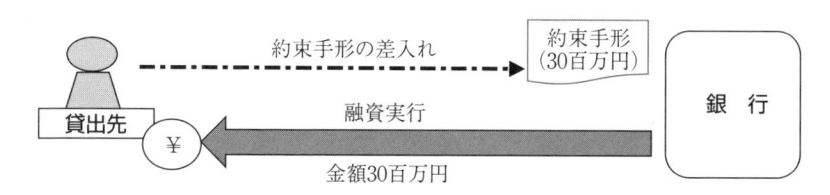

4-14 「当座貸越」・今昔物語

『はるか昔，ある担当者の甲君が新規先に融資セールスを行い，借りてもよいとの応諾をもらった。「課長やりました！㈱A不動産，新規融資の応諾をもらいました。」と興奮して報告した。

　　課　長：「（不動産）業者か。で，どんな資金を先方は欲しいんだ。」
　　甲　君：「当座預金の開設と無担保（担保をとらないこと）で当座貸越を1億円設定してほしい，とのことです。」
　　課　長：（急に表情を強張らせ）「・・・。甲。ちょっと来いや。ゆっくり話をしようか？」

誰もいない会議室で，甲君はコッテリ説教をされた。』

「当座貸越」とは，「当座貸越契約」を融資先と締結し，**当座預金残高を越えて（即ち残高が0円になっても），ある一定の金額の支払を行える制度**です。

このある一定の利用額もしくは限度額のことを「**極度**」といいます。

たとえば，筆者が乙銀行丙支店の行員で，会話の内容のとおりに㈱A不動産の当座預金を開設し，同時に，100百万円の当座貸越契約の極度を設定したとしましょう。そして，同社の乙銀行丙支店にある当座預金残高は，10百万円しかないとします。

しかし，同社は当座貸越を見込み，100百万円の小切手を振り出して仕入先に支払うことが可能なのです。普通なら，仕入先がその小切手を甲銀行乙支店に提示すれば，当然90百万円（10百万円－100百万円＝▲90百万円）の残高が不足して不渡りになります。ただし，当座貸越契約があるので，銀行は極度額の範囲内（この例では100百万円）で，小切手を決済してくれるのです。事例では，当座預金が90百万円マイナスになりますが，実は，この▲90百万円は，**銀行が立て替えて資金を融資している**のです。

この一連の仕訳は，簿記でもよくやる初歩的な仕訳なので，おわかりでしょう。一般的には，この形式が当座貸越で，当座残高の不足相当分，融資金を注いでいるということで，「流し込み」などと呼びます。
　銀行では，当座貸越のことを「OD（オーディー）（Over Draftの略）」や「当貸（トウガシ）」と呼んでいます。
　この当座貸越のデメリットは，次のものです。
① 資金使途の把握ができないこと（資金が流用されてしまう能性がある）。
② 当座預金の残高が常時マイナスになることが多く当座預金の残高が増えないこと（当座預金は利率０％の預金で，市中金利が高いときには銀行の大きな収入源になる）。
③ 当座貸越を契約解除する際，大変な労力が必要となること。
　特に，①と③は，融資上問題があります。
　当座貸越は，基本的に「経常運転資金」に対応する融資です。しかし，設備資金の支払で振り出された小切手に充当されても防ぐことはできませんし，また，当座貸越を見込んで小切手や約束手形が振り出されているのに，極度の期日が来たからといって，直ぐに極度を解約するわけにもいきません。したがって，何かあったときに直ぐ解約ができるよう，極度と同額の定期預金を担保として差し入れてもらうケースが少なくありません。
　これは，個人の預金者がやっている「総合口座」をイメージしてもらえば，わかりやすいでしょう。
　ただ，上の三つの理由から，**法人に対して今では基本的に対応していません**。甲君が課長から絞られたのも，同じ三つの理由からです。
　今，銀行が対応しているのは「**専用当座貸越**」と「**特別当座貸越**」の二つのパターンです。
　「専用当座貸越」は，融資専用の口座を開設し，その極度額の範囲内で融資を行う形態です。一般の当座貸越と異なるのは，**その口座が貸越のみの口座であり，０円を超えてプラスにできないのです**。よって，通常の当座預金のように，売上の入金や小切手・約束手形の振出しや決済，あるいは公共料金などの

口座引き落しを行うことはできません。

　通常，融資先が，この極度を利用したい時は専用の「払戻請求書」に借りたい金額を記入するか，専用カードで引出を行い，普通預金か一般の当座預金に入金する形態をとっています。返済は，その逆になります。

　この方法をとることで，極度を変更もしくは解約する時の対応を柔軟にするとともに，当座預金の流動残高が減らないように（？）しているのです。

　「特別当座貸越」は，さらに簡便化した方法です。**貸越の専用口座は，もう作らずに，融資（貸越）極度だけを取り決め，必要な借入金額を「払戻請求書」に記入するだけです。**これは，もう当座貸越ではありません。

　たとえて言えば，手形貸付を極度で対応した場合の「手形」が「払戻請求書」に変化したものだとイメージしてもらえばわかりやすいでしょう。特に今，銀行が対応しているのは，この特別当座貸越です。

　融資先のメリットは，①収入印紙代の節約と②スプレッド金利が使えることの２点です。①のメリットは，「当座貸越契約」の約定書に貼付する**印紙税が200円で済む**からです。

　この特別当座貸越は，短期運転資金のほか，決算・賞与資金などにも使われています。決算・賞与資金（５項を参照）は，元金返済付きの期間半年以内の融資ですから，普通は極度対応を行う特別当座貸越には馴染みませんが，特別当座貸越を利用します。理由は，やはり印紙税の節減です。

　方法は，次のとおりです。

第4章 銀行が最も売りたい商品，融資について知ろう

図表 4-9

《事 例》
　20百万円の従業員賞与資金を5か月の毎月分割返済で申込みを受けた場合
　月々の約定返済は……4百万円（20百万円÷5か月＝4百万円）

● 証書貸付の場合の残高のイメージ図

	1か月	2か月	3か月	4か月	5か月
残高	20百万円	16百万円	12百万円	8百万円	4百万円

収入印紙2万円
金銭消費貸借契約証書
　金額20百万円
毎月月末に金額4百万円を
分割返済（4回）し，期日
に4百万円を返済する。

㈱A不動産　　　　印

● 特別当座貸越の場合の残高のイメージ図

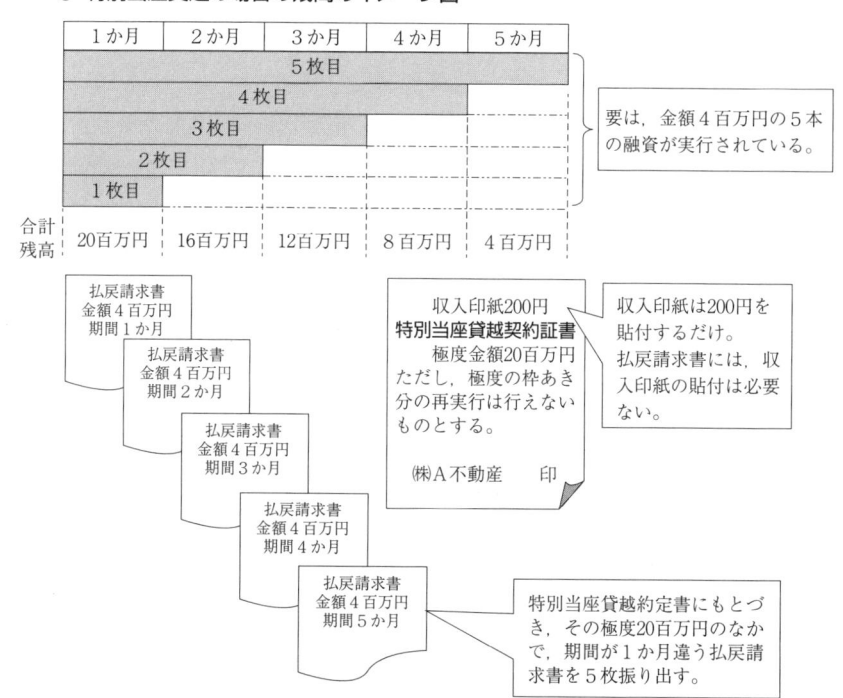

	1か月	2か月	3か月	4か月	5か月
	5枚目				
	4枚目				
	3枚目				
	2枚目				
	1枚目				
合計残高	20百万円	16百万円	12百万円	8百万円	4百万円

要は，金額4百万円の5本の融資が実行されている。

払戻請求書
金額4百万円
期間1か月

払戻請求書
金額4百万円
期間2か月

払戻請求書
金額4百万円
期間3か月

払戻請求書
金額4百万円
期間4か月

払戻請求書
金額4百万円
期間5か月

収入印紙200円
特別当座貸越契約証書
　極度金額20百万円
ただし，極度の枠あき
分の再実行は行えない
ものとする。

㈱A不動産　　　　印

収入印紙は200円を
貼付するだけ。
払戻請求書には，収
入印紙の貼付は必要
ない。

特別当座貸越約定書にもとづき，その極度20百万円のなかで，期間が1か月違う払戻請求書を5枚振り出す。

このように，極度内での再利用はできない旨の文言に約定書を訂正したうえで，約定返済額を1本の融資とし，約定返済の回数分の5本を束にして「払戻請求書」で貸し出しているのです。まさに，「今は昔・・・」です。融資形態が「当座貸越」といっても，今では，その内容は全く別なものとなっています。

4-15 何故？「私募債？」

『はるか昔，メイン先で他行に社債を実行（これを「起債」という）されると，その取引店の支店長の首が飛ぶとさえ言われた。

　ある担当者から，メイン先に他行で社債を起債され支店長が膝から崩れ落ちた姿を見たことがあるとの話を聞いた（幸か不幸か，その支店長の首は飛ばなかったそうだ）。』

　当時の社債には，純資産額の制限やその他，財務内容の諸条件が事細かく規定されており（「**適債基準**」という），担保も不動産担保で原則，第一順位でないと起債できませんでした。社債には相応のステータスがあり，発行先は日経新聞の地方欄に掲載されたりもしていました。

　みなさんが会社を訪問すると，顧問先の応接室などに盾が置かれているのを目にしたことはありませんか。よく見ると，『第1回　無担保社債発行』なんて記載がされている記念盾だったりします。これは，かつての栄光の名残を利用し，社債の起債に記念盾でステータスを与えているのです。だが今は違う，時代は変わったのです。

　社債を行うことに，昔の社債のようなステータスはもうありません。少なくとも，銀行はそう思っていないでしょう。**社債といっても所詮「私募債」**なのです。

　私募債の起債条件もかなり緩くなっています。強いて言うなら，要注意先（後述します）ではなく，債務超過にもなっていない，ということぐらいが

条件ではないかとさえ思われます。繰り返しになりますが,「私募」なのです。外部の機関投資家から資金調達をしているのではありません。取扱銀行が事務手続きを行い,保証し,そして取扱銀行が投資（融資）を行っているのです。

　私募債の法律的なことや細かい内容は省略して,次に私募債のスキーム図を示します。ここで述べたことが,十分,わかっていただけるはずです。

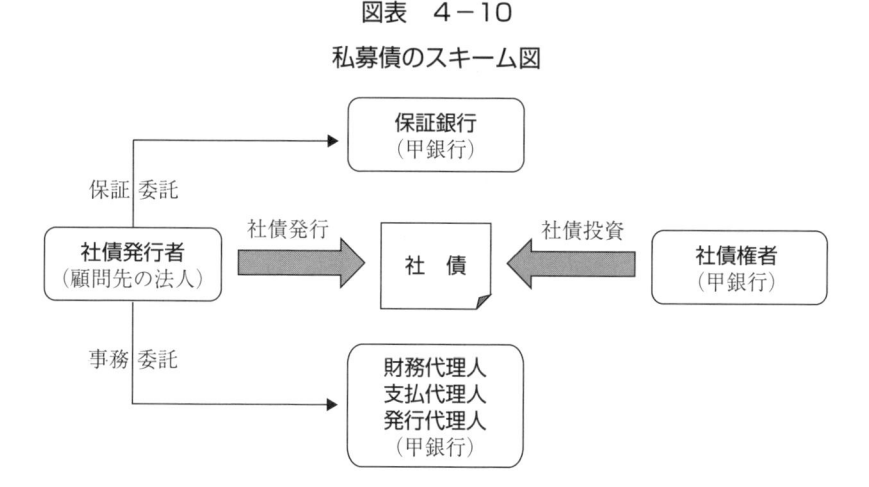

図表　4－10
私募債のスキーム図

```
                    保証銀行
                    （甲銀行）
              ↑
       保証│委託
              │
  社債発行者 ──社債発行→  社 債  ←社債投資── 社債権者
  （顧問先の法人）                              （甲銀行）
              │
       事務│委託
              ↓
                 財務代理人
                 支払代理人
                 発行代理人
                 （甲銀行）
```

「何故？　私募債？」そう問うとき,当然,そこには銀行の相応の思惑が感じられます。

　それを糾弾し,非難するのが本書の目的ではありません。ただ,金利のところで述べましたが,私募債は表面利率で判断してはいけないかということを,次の図表でご理解ください。

図表 4-11
私募債の利回り（事例）

発 行 額	200百万円	
返 済 額	半年ごと25百万円 8 回返済	
期間（平均年限）	4 年（2.25年）	
表面金利	TIBOR（3 か月物）	0.3%
事務取扱手数料①	発行額× 2 % （あくまでも事例の料率）	4,000千円
新規記帳手数料②	規定料率0.0076%	16千円
引受手数料③	発行額×0.25% （あくまでも事例の料率）	500千円
初回導入手数料	①＋②＋③	4,516千円
保証料（概算）④	発行額×1.0%×平均年限 （あくまでも事例の料率）	4,500千円
支払金利（概算）⑤	発行額×0.3%×平均年限	1,350千円
元金支払手数料⑥	支払元金×0.1%	200千円
利金支払手数料（概算）⑦	支払利金×0.2%	2千円
ランニングコスト	④＋⑤＋⑥＋⑦	6,052千円

初回手数料
4,516千円
＋
ランニングコスト（概算）
6,052千円
＝発行コスト（税引前）
10,568千円

→

オールインコスト利回り
＝10,568千円／(200百万円
×平均年限2.25年)
＝2.348%
（表面金利の0.3%ではない！）

　これらのことから，皆さんには，私募債の表面利率だけで他の貸出金利との高低を判断せず，実質金利で判断したうえで，金利のアドバイスを顧問先にしていただきたいと思います。

第4章　銀行が最も売りたい商品，融資について知ろう

Column 1

私の若手行員時代

まず，第4章の3項の具体的事例で出した㈱シマモトの×年6月までの仕訳と現預金勘定の動きを下記にお示しします。この表の各月末の残高を表にしたのが本文中の「㈱シマモトの各月末の勘定科目（一部）の残高」です。今回は，懐かしい分記法で処理しました。

図表　1－①
㈱シマモトの仕訳と現金預金勘定

(単位：千円)

(×年1月)		(借　方)		(貸　方)	
【設 立 時】		現 金 預 金	10,000	資 本 金	10,000
		権 利 金	10,000	現 金 預 金	10,000
【商品仕入】	①	商　　　品	200,000	買 掛 金	200,000
【商品売上】	②	売 掛 金	120,000	商　　　品	100,000
				商品販売益	20,000
【経費支払】	③	販 管 費	20,000	現 金 預 金	20,000
(×年2月)					
【商品仕入】	④	商　　　品	100,000	買 掛 金	100,000
【商品売上】	⑤	売 掛 金	120,000	商　　　品	100,000
				商品販売益	20,000
【経費支払】	⑥	販 管 費	20,000	現 金 預 金	20,000
【1月分買掛金決済】	⑦	買 掛 金	200,000	現 金 預 金	100,000
				支 払 手 形	100,000
【1月分売掛金決済】	⑧	受 取 手 形	120,000	売 掛 金	120,000
(×年3月)					
【商品仕入】	⑨	商　　　品	100,000	買 掛 金	100,000
【商品売上】	⑩	売 掛 金	120,000	商　　　品	100,000
				商品販売益	20,000
【経費支払】	⑪	販 管 費	20,000	現 金 預 金	20,000
【2月分買掛金決済】	⑫	買 掛 金	100,000	現 金 預 金	50,000
				支 払 手 形	50,000
【2分売掛金決済】	⑬	受 取 手 形	120,000	売 掛 金	120,000
(×年4月)					
【商品仕入】	⑭	商　　　品	100,000	買 掛 金	100,000
【商品売上】	⑮	売 掛 金	120,000	商　　　品	100,000
				商品販売益	20,000

【経費支払】	⑯	販　管　費	20,000	現　金　預　金	20,000
【1月分手形決済】	⑰	支　払　手　形	100,000	現　金　預　金	100,000
【3月分買掛金決済】	⑱	買　掛　金	100,000	現　金　預　金	50,000
				支　払　手　形	50,000
【3月分売掛金決済】	⑲	受　取　手　形	120,000	売　掛　金	120,000
(×年5月)					
【商品仕入】	⑳	商　　　品	100,000	買　掛　金	100,000
【商品売上】	㉑	売　掛　金	120,000	商　　　品	100,000
				商品販売益	20,000
【経費支払】	㉒	販　管　費	20,000	現　金　預　金	20,000
【1月分手形決済】	㉓	現　金　預　金	120,000	受　取　手　形	120,000
【2月分手形決済】	㉔	支　払　手　形	50,000	現　金　預　金	50,000
【4月分買掛金決済】	㉕	買　掛　金	100,000	現　金　預　金	50,000
				支　払　手　形	50,000
【4月分売掛金決済】	㉖	受　取　手　形	120,000	売　掛　金	120,000
(×年6月)					
【商品仕入】	㉗	商　　　品	100,000	買　掛　金	100,000
【商品売上】	㉘	売　掛　金	120,000	商　　　品	100,000
				商品販売益	20,000
【経費支払】	㉙	販　管　費	20,000	現　金　預　金	20,000
【5月分買掛金決済】	㉚	買　掛　金	100,000	現　金　預　金	50,000
				支　払　手　形	50,000
【5月分売掛金決済】	㉛	受　取　手　形	120,000	売　掛　金	120,000
【2月分手形決済】	㉜	現　金　預　金	120,000	受　取　手　形	120,000
【3月分手形決済】	㉝	支　払　手　形	50,000	現　金　預　金	50,000

現　金　預　金　　　　　　　（単位：千円）

	資　本　金	100,000		権　利　金	100,000
	1月末残高	20,000	③	販　管　費	20,000
				1　月　繰　越	20,000
			⑥	販　管　費	20,000
	2月末残高	140,000	⑦	買　掛　金	100,000
				2　月　繰　越	140,000
			⑪	販　管　費	20,000
	3月末残高	210,000	⑫	買　掛　金	50,000
				3　月　繰　越	210,000
			⑯	販　管　費	20,000
			⑰	支　払　手　形	100,000
	4月末残高	380,000	⑱	買　掛　金	50,000

第4章　銀行が最も売りたい商品，融資について知ろう

現　金　預　金　　　　　　（単位：千円）

㉓ 受 取 手 形	120,000	4 月 繰 越	380,000
		㉒ 販 管 費	20,000
		㉔ 支 払 手 形	50,000
5月末残高	380,000	㉕ 買 掛 金	50,000
㉜ 受 取 手 形	120,000	5 月 繰 越	380,000
		㉙ 販 管 費	20,000
		㉚ 買 掛 金	50,000
6月末残高	380,000	㉝ 支 払 手 形	50,000

　はるか昔，私（筆者）が若手行員のときに担当先を持つようになり，ある新規先（仮にＡ社とする）を任されました。資金的な面は親会社が優良企業であり，問題ない先でした。ただ，資金面は，このＡ社が独自に銀行と交渉を行い調達するよう親会社から言われているらしく，私はＡ社の社長，経理部長と直接面談交渉を行っていました。

　新規先で資金需要も旺盛で，毎月「月末までに〇〇百万円資金調達をしたいのですが。」との話があり，当初は喜んで融資の稟議を書いていました。期間は３年程度の証書貸付にしていたと思いますが，これが３回続き，７月の初旬に約10百万円と月末に50百万円の申込みを受けた時に上席から「この資金は一体何の資金だ。」と問われました。私が「先方は手形の決済資金と言っています。」と伝えたところ，上席には「お前は資金使途の意味が全くわかっていない。何故，こんなに毎回，毎回お金がいるのか本当に分析しているのか？」と問われました。上席にはちゃんと答えがわかっていたのです。この㈱シマモトと同じです。経常運転資金が必要だったのです。７月の初旬に借りた10百万円は賞与資金でした。

　研修では，この運転資金を口頭で取引先から聞き出し，次の表のように瞬時に算出することを教わります。が，所詮座学です。身についていませんでした。

図表 1-②
㈱シマモトの必要運転資金算出法

売上は毎月120百万円，仕入は毎月100百万円

売掛金は月末締め，翌月末に回収
月間売上の1か月分：120百万円×1か月 = 120百万円 ……………………①

売掛金は翌月末に全額受取手形で決済，受取手形は3か月サイト
120百万円×3か月 = 360百万円 ……………………②

買掛金は月末に締め，翌月末に支払い
月間売上の1か月分：100百万円×1か月 = 100百万円 ……………………③

買掛金は翌月末に半額現金払い，半額手形払い，支払手形は2か月サイト
100百万円×50% = 50百万円，50百万円×2か月 = 100百万円 ……………④

棚卸資産は1か月分を保有
100百万円×1か月 = 100百万円 ……………………⑤

経常運転資金は……①+②+⑤-③-④ = 380百万円

　当時の私は，利益が出ているのに何故，こんなに頻繁に資金が必要なのかを理解できていませんでした。私は，A社の担当者から必死に資金繰りを聞き，徹夜で仕訳を行い，現預金が足らないことと，この資金不足は，もうすぐピークを迎えることを肌で実感することができました。そして，7月初旬に申し込まれた10百万円の資金が賞与資金であり，運転資金とは別の見方と借方をしなければいけないことも理解したのです。このA社の親会社が優良先だから，柔軟に融資ができたのです。もし，これが普通の企業であれば，「この先は大丈夫か？」と与信対応が消極的になっていたかも知れません。

　「運転資金が必要です。」と言い融資を数回繰り返すと，「経常運転資金として枠取りをします。」と言って極度設定を行い，そのなかで資金調達をしてもらい，7月に「賞与資金を申し込まれました。」と言うのでは，上席に与えるイメージは大きく違います。資金使途は，その意味で本当に重要なのです。

第4章　銀行が最も売りたい商品，融資について知ろう

Column 2

伝説の課長

第**4**章の11項で，手形割引の話をしました。

ここで，昔聞いたことがある『伝説の課長』のエピソードを紹介しましょう。

この先のＡ社とは，10年近くの融資取引がありましたが，融資の内容はほとんどがＢ社の振出した手形を含む手形割引でした。

伝説の課長がこの支店に着任して早々，このＡ社の手形割引のチェックを行いました。Ａ社が持ち込んだ数ある割引手形（割引枚数は他社十数社分を入れ30枚程度）のなかからこのＢ社の手形を抜き出し，こう言いました。「この手形・・・臭う。」

Ｂ社が振出した手形は，次のとおりです。

図表　2－①
この手形どこがおかしい？

```
        約 束 手 形      No. AA145881
株式会社Ａ社　殿        支払期日
                       平成27年4月10日
        ￥10,000,000 円
      振出日：平成27年1月10日
```

```
        約 束 手 形      No. AA145880
株式会社Ａ社　殿        支払期日
                       平成27年4月20日
        ￥10,000,000 円
      振出日：平成27年1月20日
```

```
        約 束 手 形      No. AA145879
株式会社Ａ社　殿        支払期日
                       平成27年4月30日
        ￥10,000,000 円
      振出日：平成27年1月31日
           株式会社Ｂ社　印
```

これのどこがおかしいか，わかりますか？

振出日が古い方が新しい手形より手形の管理番号が大きいのです。通常，手形は帳面になっていて管理番号の小さい数字から順番に使うように綴られています。このケースは，振出日の最近のものを古いものより先に使ったことになります。これはどう見ても不自然です。A社に聴取したなかで次のように「**融通手形**」という手法で，5年近く割引手形による資金調達をしていたことが判明しました。

図表　2-②

融通手形の仕組み

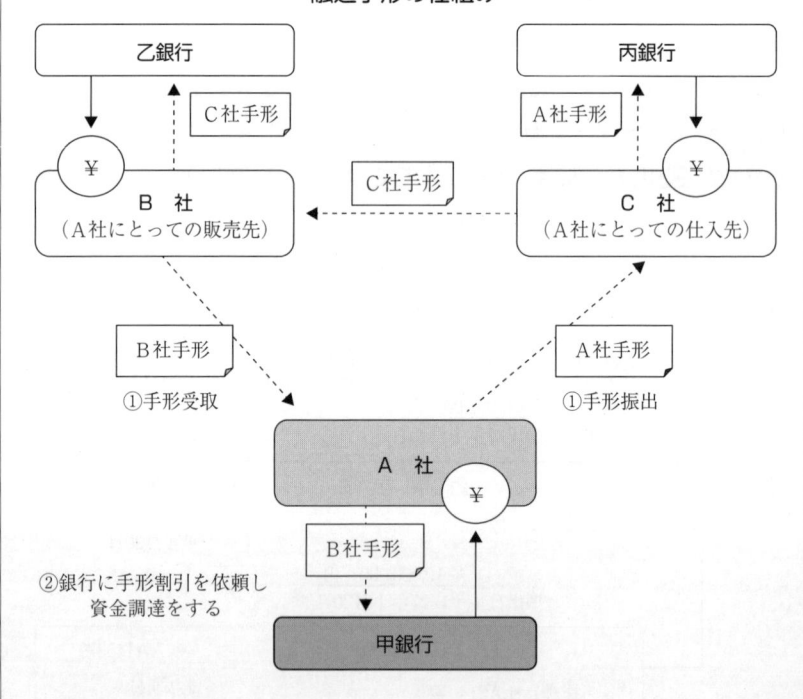

```
    乙銀行                              丙銀行
      ↓↑  C社手形              A社手形  ↓↑
     ￥                                  ￥
    B 社  ←········C社手形········  C 社
  (A社にとっての販売先)          (A社にとっての仕入先)

   B社手形                            A社手形
   ①手形受取                          ①手形振出
        ↘                            ↗
              A 社
               ￥
              B社手形
                ↓↑
   ②銀行に手形割引を依頼し
    資金調達をする
              甲銀行
```

融通手形は，「**融手（ユウテ）**」などといいます。融手は，独自に資金調達できない会社が，割引手形での資金調達が比較的容易であることに目を付け，資金融通のためだけに行う調達方法で，金融の世界では"禁じ手"

です。この循環サイクルの一社が資金調達できなくなれば，直ぐに資金ショートが発生し連鎖倒産します。

　この支店は，伝説の課長のこの指摘が奏功し，Ａ社の貸倒れを最少限にくい止めたようです。

　昔は，こんな神がかり的なプロの金融マンが，筆者の周りには数多くいました。本件は，その一例として皆様にご紹介しました。

第5章

銀行が融資をしたい法人（信用格付）について知ろう

　第**4**章では，銀行融資の基本的な項目である資産使途や金利，期間，貸出形態について述べました。第**5**章では，銀行融資を受ける対象先が優良な法人かどうかを，信用格付を主体に説明します。特に，「債務償還年数の算定方法」は，必見です。

5-1 何故，法人がいいのか？

　銀行が取引をする相手は，「**法人**」と「**個人**」に分かれます。
　法人といっても，上場している企業から夫妻で細々とやっている商店街の小売店まで，実に多様です。組織形態も「合資会社」，「有限会社」，「合同会社」から「株式会社」あるいは「公益財団」まで，これまたさまざまです。当たり前ですが，「個人商店のような法人」と「優良な上場企業」を同列には語れません。
　しかし，**個人商店**（これを「営業性個人」という）と**個人商店のような法人**のどちらが銀行と融資取引をしやすいかといえば，間違いなく**個人商店のような法人**です。理由は，次のとおりです。
　① 銀行の一般営業店（支店）の評価体系が法人取引を主体としたものになっていること（銀行によって違うが，ここでいう支店とは，法人・個人の両方を取り扱う支店を指す）。
　② 渉外担当が法人との融資取引に個人のそれより，ステータスを感じていること。
　③ 自然人である個人は死亡してしまえば取引を相続承継させる手続きが必要だが，法人は代表者や保証人の変更に関するものなど比較的簡単な手続で済んでしまうこと。
　④ 法人はB/S，P/Lなどの財務諸表を作成するが，営業性個人はB/Sを作成しない先が多い。また，営業性個人は事業の資金と家計が混同しており，資産背景や業績の実態が把握しづらいこと。
　⑤ 銀行の融資商品は，法人のほうが比較的取扱商品の選択肢が多いこと。
　これらの理由から，銀行が食指を伸ばすのは，まず「法人」であることを把握してください。ただ，最近は潮目が変わってきていて，**資産家（地主）**に対

第5章 銀行が融資をしたい法人（信用格付）について知ろう

しては不動産の法人化など積極的な対応をしています（この実例は第❾章を参照）。

以下に、筆者なりの銀行の取引対象先を一覧にまとめてみました。このなかで、皆さんにターゲットにしていただきたいのは、「**中小企業（事業法人）**」、「**中小企業（資産管理会社）**」、「**企業オーナー**」、「**地権者（地主）**」です。

図表 5-1

銀行の取引対象先（一部※①）

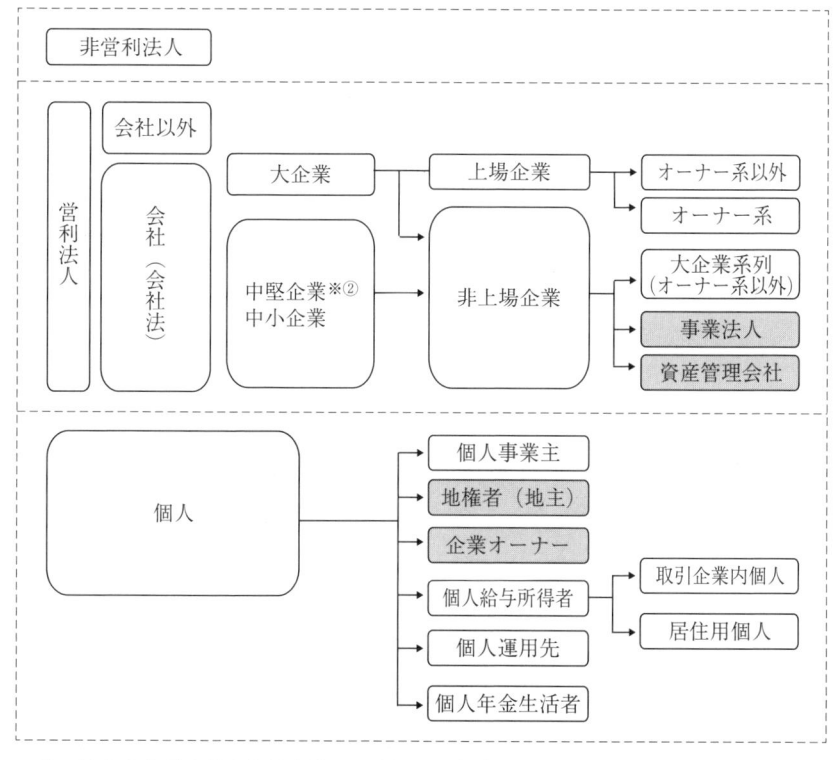

```
営利法人
├─ 会社以外
└─ 会社（会社法）
    ├─ 大企業 ──→ 上場企業 ──→ オーナー系以外
    │                        └─→ オーナー系
    └─ 中堅企業※② ──→ 非上場企業 ──→ 大企業系列（オーナー系以外）
        中小企業                    ├─→ 事業法人
                                    └─→ 資産管理会社

非営利法人

個人 ──→ 個人事業主
      ├─→ 地権者（地主）
      ├─→ 企業オーナー
      ├─→ 個人給与所得者 ──→ 取引企業内個人
      │                    └─→ 居住用個人
      ├─→ 個人運用先
      └─→ 個人年金生活者
```

※① 法人を非営利法人と営利法人に分類する方法があるが、今回は営利法人のうち、会社法でいう会社のみを記載。

※② 大企業、中小企業は「中小企業基本法第2条」の定義にもとづき分類。中堅企業という定義はないが、中小企業のうち資本金1億円超10億円未満を中堅企業として記載。

5-2　やはり安心。晴れた日の傘

　銀行が対象としている先が法人であることは，1項で述べました。ただ，法人であればどんな先でもよい，というものでないのは当然です。
　銀行が融資をしたいのは，「優良な法人」です。優良な法人は，**貸倒れのリスクが少ない**からです。また，銀行自体も営業店がそれらの先の融資に注力するように**優良法人の融資増強の評価が高くなるように**誘導しています。
　「銀行は晴れた日に傘を貸す」というのは，「貸す相手の経営が好調で資金需要がない時しか銀行は貸さない」という意味合いですが，銀行にとっては，「**資金繰りに困っていないので，融資を間違いなく返してくれる先だから貸す**」という意味合いを含んでいます。

5-3　信用格付って知っていますか？

「優良な法人」という言葉を使いました。「優良」とは，何でしょう。

　銀行でいう優良な法人とは，一般的には「**格付けの高い先**」をいいます。ここでいう格付とは，「国債」や「企業の社債」に外部格付機関が付与する格付とイメージは似ています（銀行の格付はこの外部格付と整合性がとれるように設定されている）が，一般的に中小企業が外部に格付査定を依頼することはあまりないでしょう。したがって，この場合の「格付」とは，銀行が独自に設定している銀行内部の格付をいい，これを「**債務者格付**」あるいは「**信用格付**」などと呼んでいます。

　この格付は，「**自己査定**」という銀行が行う融資先の融資債権の査定区分（「**債務者区分**」という）である「**正常先**」，「**要注意先**」，「**破綻懸念先**」，「**実質破綻先**」，「**破綻先**」という五つの分類とリンクしています。さらに，この債務者区分とリンクして，「**金融再生法の開示債権区分**」にもとづき「**要注意先**」の一部を「**要管理債権**」として抜き出し，「**要管（ヨウカン）**」と呼んで管理している銀行もあります。銀行が融資をしたい「**格付の高い先**」とは，基本的にこの「**正常先**」のなかのランクの高い先をいいます。「**正常先**」は，大まかに9〜12程度の分類に細分化されているようで，メガバンクによってはこの正常先の分類を公表しているため，我々が確認をすることも可能です。

　次の図表で，「債務者区分」や「金融再生法の開示債権区分」との関連がよくわかるように，「MUFJグループ」の格付を示します。

図表 5-2

債務者格付定義表

債務者格付	定　義	債務者区分	金融再生法開示債権区分
1	債務を履行する能力は極めて高く，かつ安定しており，最高の信用力を有する債務者。	正常先	正常債権
2	債務を履行する能力は極めて高く，かつ安定しているが，将来の信用力低下につながる要素もある債務者。		
3	債務を履行する能力は十分であるが，長期的には信用力が低下する可能性がある債務者。		
4	債務を履行する能力は問題はないが，長期的には信用力が低下する可能性がある債務者。		
5	債務を履行する能力は特に問題なく，信用力は中程度である債務者。		
6	債務を履行する能力は当面問題はないが，将来環境が変化した場合注意すべき要素がある債務者。		
7	債務を履行する能力は当面問題はないが，長期的には不安定である債務者。		
8	債務を履行する能力は当面問題はないが，長期的に見れば低く，信用力は相対的に劣る債務者。		
9	債務を履行する能力がやや乏しく，信用力は正常先の中で最下限にある債務者。		
10〜12	以下のような ①元本の返済もしくは利息支払いが事実上延滞している等履行状況に問題がある債務者。 ②業況が低調ないしは不安定な債務者，または財務内容に問題がある債務者。 ③金利減免・棚上げを夫小なっているなど貸出条件に問題がある債務者。	要注意先	
10	問題が軽微である。または改善傾が顕著であるものの，債務者の経営上懸念要因が潜在的に認められ，今後の管理に注意を要する。		
11	問題が深刻である。または解決に長期を要し，債務者の経営上重大な懸念要因が顕在化しており，今後の債務償還に警戒を要する。		
12	格付10または11の定義に該当する債務者のうち，貸出条件緩和債権を有する債務者。また相続等特別な理由により3カ月以上延滞債権を有する債務者。		要管理債権
13	債務返済に重大な懸念が生じ損失の発生が見込まれる先。すなわち，現状，経営破綻の状況にないが，経営難の状況にあり，経営改善計画等の進捗状況が芳しくなく，今後，経営破綻に陥る可能性が大きいと認められる債務者。	破綻懸念先	危険債権
14	法的・形式的な経営破綻の事実は発生していないものの，深刻な経営難の状態にあり，再建の見通しがない状況にあると認められるなど実質的に経営破綻に陥っている債務者。	実質破綻先	破産更生債権及びこれらに準ずる債権
15	法的・形式的な経営破綻の事実は発生している債務者。具体的には法的整理・取引停止処分・廃棄・内部整理等により経営破綻に陥っている債務者。	破綻先	

『三菱UFJフィナンシャル・グループディスクロージャー誌2012』より抜粋

第5章　銀行が融資をしたい法人(信用格付)について知ろう

　一概には言えませんが，赤字などの業績不振でないほとんどの中小企業は，この図表の「5～9」の範囲に分類されているのでしょう。自身の格付がどうなっているかは（一部例外はあるようだが），基本的に取引銀行は教えてくれませんが，良い格付か悪い格付かは，担当者との会話のニュアンスで，ある程度はわかるものです。大掴みに言うなら，**銀行は，要注意先以下の先には融資のインセンティブが働かない**のです。

　ただ，注意したいのは，要注意先だから融資ができないということではなく，あくまでも推測ですが，この表の信用格付「10」の先には，資金使途や保全にも配慮しながら融資の支援は行っているのではないでしょうか。

　筆者は，銀行が不良債権等の早期回収を求められていた平成14年～16年頃，債権管理回収の担当課長をしていたので，要注意先や要管理債権先の意味合いと対処法など本来この分野については一家言ありますが，この本の趣旨ではないので割愛します。ただ一言，二言付け加えるとすれば，以下のことが言えます。

① 図表5－2でいう要注意先の一部「10」以上には既述のとおり融資の対応ができるが，「要管理債権」以下からは融資の新規対応が一般的には難しい。

② 銀行によって信用格付の刻みはまちまちだが，一般的に信用金庫などの中小金融機関のほうが，このランキングが1～2ランク高く評価される可能性がある。

　皆さんは，関与する顧問先から「以前には借りることができた金額を，今回は銀行が貸してくれない。」などの相談を受けましたら，まず①の要注意先の境界線に顧問先がいないかどうかを把握していただきたい思います。

5-4 「決算書の洗顔対策」
　　（格付の操作は有効？）

　よく,「貴社の格付対策をします！！」などと売り込むコンサルタント会社がありますが,有効かどうかは疑問です。はっきり言えば,「格付対策ができるならそれに越したことはないが,財務内容が悪い会社は,どんなことをしてもそれなりの評価しかならない」のです。

　と言うのも,格付対策の多くは「素嬪（すっぴん）に化粧を塗りたくったもの」が多いからです。簡単に信用格付の決定の流れを述べますと,ほとんどの金融機関がその取引先から決算書を徴求し決算書の数値をデータ入力して「**一次格付**」を決めていて,この**一次格付**作業で70％〜80％,信用格付は決まってしまいます。これが「**信用格付の定量評価**」と言われるものです。

　この「一次格付」に「**代表者の計数把握能力や資質**」,「**資産の含み損益**」を加味して信用格付を最終的に決めていて,この「**二次格付**」作業を「**信用格付けの定性評価**」などと呼んでいます。そして,施した化粧は,この第二段階で「**素嬪（すっぴん）にされてしまう**」のである。すなわち,「**定性評価**」は,その会社の素顔,素嬪（すっぴん）を見るための作業なのです。

　どのような数値が一次格付の指標になっているかの説明は割愛しますが,以上から,一次格付が大事であることは,おわかりいただけると思います。一般論ですが,次に数式等を示しておきます。

第5章 銀行が融資をしたい法人(信用格付)について知ろう

図表 5－3①
企業分析に使う主要な財務指標図表

	項　目	計　算　式
収益性	売上高経常利益率(100%)	(経常利益／売上高)×100
	総資産経常利益率(100%)	(経常利益／総資産)×100
安全性	総資産当座比率(100%)	(当座資産※①／総資産)×100
	流動比率(100%)	(当座資産※①／流動負債)×100
	純資産比率(100%)	(純資産／総資産)×100
	固定長期適合率(100%)	固定資産／(固定負債+純資産)
	インタレスト・カバレッジ・レシオ(倍)	(営業利益+受取利息・配当金)／支払利息・割引料
	D・C・R(デット・キャパシティー・レシオ)(100%)	(長・短期借入金+社債+割引手形)／(手元流動性※②+投資有価証券※②+有形固定資産)

※① 当座資産…………現金預金，受取手形，売掛金，一時所有の有価証券などで，流動資産から即座には資金化しにくい棚卸資産を除いたもの。
※② 手元流動性………現預金，受取手形(含む割引手形)，売掛金，有価証券，未収入金，未収収益，短期貸付金，営業貸付金の合計。
　　投資有価証券……関連会社を除く。

図表 5－3②
信用格付作業の流れ

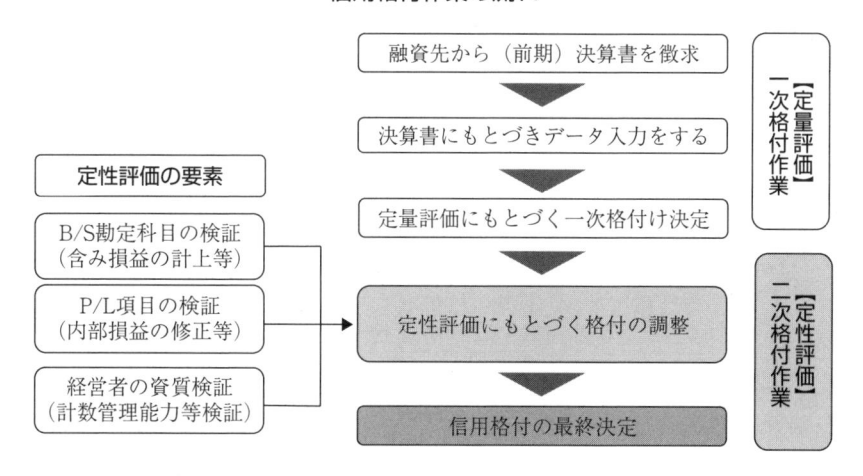

【定量評価 一次格付作業】
融資先から(前期)決算書を徴求
↓
決算書にもとづきデータ入力をする
↓
定量評価にもとづく一次格付け決定
↓

【定性評価 二次格付作業】

定性評価の要素
- B/S勘定科目の検証(含み損益の計上等)
- P/L項目の検証(内部損益の修正等)
- 経営者の資質検証(計数管理能力等検証)

→ 定性評価にもとづく格付の調整
↓
信用格付の最終決定

ここで，筆者が信用格付対策として有効だと思うのは，「"煤だらけの顔"の"煤"を一次格付の前にとり素顔にしてあげる」ことです。
　たとえば，債務超過の先があるとします。この先の債務超過が，「社長からの借入金を資本に振り替えると解消する先」であったとしましょう。このまま一次格付作業を行えば，正常先の最低ランクか要注意先になってしまうでしょう。しかし，決算期前に「疑似DES（金銭払込）」という手法を使えば，債務超過を解消したB/Sにすることができます。

※1　「疑似DES（金銭払込）」（第**7**章4項を参照）については，純資産の割合によっては高位の信用格付となる可能性もある。このように「定量評価」で大勢が決まってしまう以上，有効な信用格付対策は煤を取り除く「決算書の洗顔対策」であると考えたほうがよい。

※2　社長が債務免除を行っても同じく債務超過は解消するが，欠損金が期限切れの場合や期間損益が今後黒字となる場合は，結果的に税務コストが高くなる可能性がある。

5-5　顧問先の簡単なチェックの仕方，お教えします（債務償還年数）

　「顧問先の当期純利益か経常利益が恒常的に赤字なら要注意先だ」という判断は，ある程度つきますが，利益が出ている先でも要注意先はあります。
　ここに，皆さんの顧問先が要注意先かどうかをチェックする簡単な方法があります。「**債務償還年数**」です。皆さんも顧問先の決算書からぜひ算出してみてください。債務償還年数の算式には何パターンかありますが，代表的なのは次の算式です。

第5章 銀行が融資をしたい法人(信用格付)について知ろう

【債務償還年数の算式例】

パターン①

(借入金－現金預金)÷(当期純利益＋減価償却費※③)※①

　　＞30年　⇒　要注意先の可能性大

※①　当期純利益(税効果なし)＋減価償却費は3期平均か直前期のうちのいずれか低いほうを採用

パターン②

(借入金－現金預金－正常運転資金※②)÷(経常利益＋減価償却費※③)

　　＞10年あるいは15年　⇒　要注意先の可能性大

　　＞30年　⇒　要注意先の認定

※②　正常運転資金＝売掛債権＋棚卸資産－買入債務
※③　減価償却費は、毎期経常的に発生する必要再投資分の減価償却費を除く。

図表　5－4

事例①　　　　　　　　　　　(単位:百万円)　　　　(単位:百万円)

現金預金	50	買掛債務	200
売掛債権	300	借入金	700
棚卸資産	100		
固定資産	1,050	純資産	600
合計	1,500	合計	1,500

売上	1,000
経常利益	50
当期純利益	50
減価償却費※	50
内再投資分	30

パターン①
　(借入金700－現預金50)／(当期純利益50＋減価償却費20※)＝9.3年＜30年
　したがって、正常先
パターン②
　〔(借入金700－現預金50)－(売掛債権300＋棚卸資産100－買掛債務200)〕
　／(経常利益50＋減価償却費20)＝6.4年＜10年
　したがって、正常先
　※　減価償却費は、20(50－30＝20)で算出

事例②

(単位:百万円)

現金預金	50	買掛債務	400
売掛債権	400	借入金	700
棚卸資産	100		
固定資産	950	純資産	400
合計	1,500	合計	1,500

(単位:百万円)

売　　上	1,000
経常利益	30
当期純利益※	10
減価償却費	50
内再投資分	40

パターン①
　(借入金700−現預金50)／(当期純利益10＋減価償却費20※)＝21.7年＜30年
　　したがって，一応，正常先
パターン②
　〔(借入金700−現預金50)−(売掛債権400＋棚卸資産100−買掛債務400)〕
　／(経常利益30＋減価償却費10)＝13.8年≧10年＜15年
　　したがって，要注意先の検証が必要
　※　減価償却費は，10(50−40＝10)で算出

　債務償還年数の考え方は，各銀行で区々です。分母にくる利益も，当期純利益(税効果は考慮せず)，税引前当期純利益，営業利益，経常利益を採用している銀行もあります(ただ，基本的にはEBITDA的な考え方)。

　上の図表のうち簡単なのは，財務データの登録ベースで出てくるパターン①です。借入金から現金預金を差し引くのは，借入金に対して現金はすぐに返済に充当できるからです。ただ，パターン①の借入金には，正常(経常)運転資金が混入しています。これは資金使途の運転資金(第**4**章**3**項を参照)で，元金返済しなくてもよい借入だと述べました。したがって，この経常運転資金分の借入金を差し引いたものが，パターン②の算式になります。

　パターン②は，事業と関係ない一過性の損益を排除するため，分母を経常利益にしていますが，これでは税金の流出分が考慮されません。そのため，債務償還年数が10年あるいは15年のところに一つバーを設けて要注意先の検証をするようにし，債務償還年数が30年であれば機械的に要注意先の判定を行うよう

にしています。

　ここで注意したいのは、減価償却費の取扱いです。**恒常的に必要な再投資分は、減価償却費から控除します**（第**4**章4項を参照）。たとえば、パチンコ店を経営する法人は、パチンコ台の入替えは恒常的かつ高額であり、パチンコ台の減価償却費もそれに応じ高額となり、減価償却費分は内部留保分として再投資に回ります。この再投資分を減価償却費から控除しないと、債務償還年数が短年数となり、判断を誤ることになります。一概に言えませんが、**パターン①で債務償還年数が30年超と出れば、かなり高い確率で「要注意先」となっている可能性があります。**

　一方で、**パターン②で債務償還年数が5年以下なら、かなり優良な先です**（筆者の経験知からもそう感じる）。また、パターン①で債務償還年数が30年超となっていなくても20年を超えていれば、かなり借入が多い先（これを「借入過多先」ともいう）であり、①借入の圧縮か、②経費削減等による純利益の改善を顧問先にアドバイスすべきでしょう。

5-6　第三の格付。信用調査会社

　ここでいう信用調査会社とは、企業調査を行い、信用状況に数値評価を設けている会社のことです。取引先の債務者区分が要注意先かどうかをある程度把握することは、これまでに述べてきたとおり可能です。しかし、銀行の正常先の信用格付を分析して高格付かどうかを把握することは、実際難しいしできないでしょう。そこで有効なのが、**企業調査会社の信用情報**です。わが国には、㈱帝国データバンク（以下「TDB」と略記する）と㈱東京商工リサーチの2大企業信用調査会社があり、TDBが業界では最大手と言われています。

　一般的に言われていることですが、TDBの評点が**「51点以上の先」**に一つのラインを設けている企業は多いです。たとえば、評点が51点以上の先としか

取引先口座を作らない上場企業もあるといわれ，多くの銀行もこの評点を参考に対象先を抽出しアプローチを行っています。また，この51点の評点を一つの目安にして手形割引の銘柄を審査している銀行もあると聞きます。すなわち，**TDBの評点が51点以上の先は，銀行が融資をしてもいいと思っている先**なのです。

　顧問先自身がこれら調査会社に自身の調査書を提供してもらうことは不可能ですが，顧問税理士の立場から，この調査会社に取引先として顧問先の既存の調査書を取り寄せることは可能です（あくまでも取引先を含む自身以外の第三者に開示しないことが前提）。もし皆さんが顧問先の銀行評価を知りたければ，費用を惜しまず，この調査書を取り寄せることをお勧めします。ただし，調査書がない場合や，かなり古い場合もあり，その場合は調査費が掛ってしまいます。

　本当に大切な顧問先であれば，筆者なら金を惜しまず取り寄せるでしょう。まずは，ご自身の大切な顧問先が企業調査会社からどのような評価を受けているのか，評点が51点以上なのか未満なのか，把握されてはいかがでしょう。

5-7　銀行は企業のここを見ている

　今回のこの本は，金融コンサルタントとして書いたわけではないですが，皆さんは，元銀行員の筆者に「**銀行（強いて言うなら審査担当者）は，企業のここを見ている**」的なことを期待されていると思いますので，少々コメントしておきます。

　よく顧問先の経理担当者が『経常利益を黒字にしなければいけない』との発想から"細工"をすることがあります。どんなに取り繕っても，何期か並べると必ず不自然な部分が出てきます。

　次の項目などは書籍などにもよく出ており，顧問先に対してもよく指導され

たほうがよい点です。

① 減価償却費が3期間の増減で50%近くある。
② 営業キャッシュ・フローが3期間程度で2期間マイナスになっている。
③ 棚卸資産の売上回転月数が業期平均比1か月以上増加している。
④ 経常収支比率※が2期間連続100%割れあるいは，直近期90%以下になっている。

多くの金融機関は，決算書の数値をデータとして電算化し分析しており，前期と前々期を比較し，急激な増減は異常値としてチェックしています。これらは，永年の金融機関の審査の中から導き出された経験知なのでしょう。

ここで，筆者が退職後にある経理事務所から聞いたケースを見てみましょう。

図表 5-5

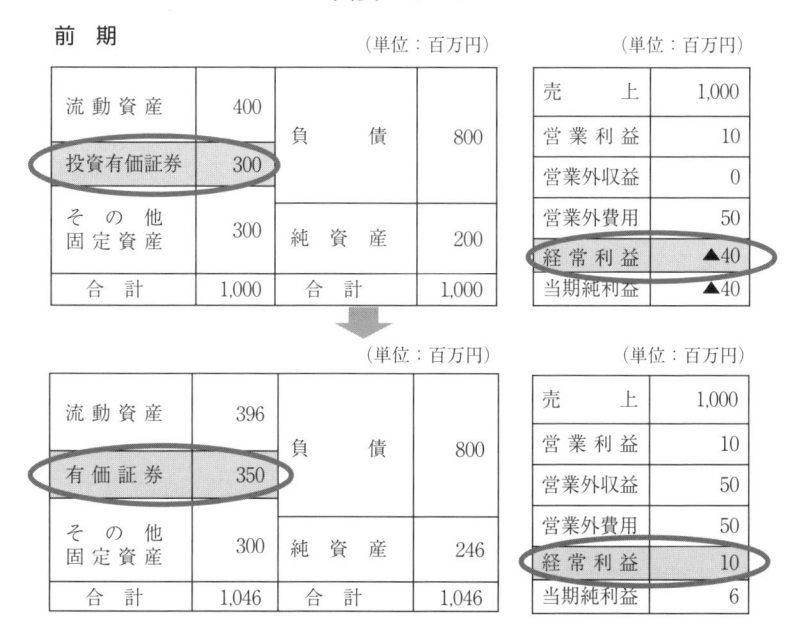

前　期

（単位：百万円）

流 動 資 産	400	負　　　債	800
投資有価証券	300		
その他固定資産	300	純　資　産	200
合　　計	1,000	合　　計	1,000

（単位：百万円）

売　　　上	1,000
営 業 利 益	10
営業外収益	0
営業外費用	50
経 常 利 益	▲40
当期純利益	▲40

↓

（単位：百万円）

流 動 資 産	396	負　　　債	800
有 価 証 券	350		
その他固定資産	300	純　資　産	246
合　　計	1,046	合　　計	1,046

（単位：百万円）

売　　　上	1,000
営 業 利 益	10
営業外収益	50
営業外費用	50
経 常 利 益	10
当期純利益	6

経常利益が▲40百万円となるため，主要取引先の持株会の（売却できない）株式を短期売買目的の有価証券に変更して，有価証券評価益を計上。
（余分に無駄な税金6百万円も納税）

当 期 (単位：百万円)

流動資産	312	負 債	800
有価証券	500		
その他固定資産	300	純資産	312
合 計	1,112	合 計	1,112

(単位：百万円)

売　　上	1,000
営業利益	10
営業外収益	150
営業外費用	50
経常利益	110
当期純利益	66

> 今期はアベノミクスの効果から株価は更に150百万円上昇。短期売買目的として評価益を150百万円計上。
> しかし、実際は前期と同じ40百万円の経常損失であり、現預金は前期比84百万円（前期396百万円－312百万円＝84百万円）減少している。
> 　（少なくとも、このような処理にしなければ今期も44百万円の納税分の資金流出は防げたはず）

　取引先の持株会の株式を投資有価証券から有価証券、すなわち短期売買目的の有価証券に勘定科目を変更し、評価益を計上したケースです。評価益は営業外収益で、これによって経常利益は黒字になりました（銀行に対し適正な利益であることをアピールするため、課税所得に対し法人税を支払った）。ところが、運悪くアベノミクスで株価が更に上昇し、今期は売ることができない有価証券の評価益を更に計上しました。そして、前記との整合性をとるため膨大な法人税を支払わなければならなくなりました。

　経理担当が考えていたのは、経常損益をプラスにすることだけだったのです（愚の骨頂だ）。こんな操作は、銀行員なら当然見抜いているはずです。

　また、税務上も投資有価証券を売買目的有価証券に変更したことは疑義があり、逆に評価損が出ても法人税法上は損金算入できない可能性があります（法人税法施行規則27の5①、法人税基本通達2－3－27）。

　決算書の洗顔対策は必要だと述べました。しかし、化粧を塗りたくってはいけない。これがそのケースです。化粧の塗り過ぎで皮膚に炎症が起きたというべきでしょう。

第5章　銀行が融資をしたい法人(信用格付)について知ろう

※　【経常収支比率】

　(経常収入※①／経常支出※②)×100で算定される。100％以上なら収入超過となっており問題ないが，100％未満なら支出超過で資金収支に問題があり，要注意先等の検証を行う。

※①　経常収入＝売上高＋営業外収入－売掛債権（割引手形を含む）増加分－未収入金増加分－未収収益増加分＋前受金増加分＋前受収益増加分

※②　経常支出＝売上原価＋販売費及び一般管理費＋営業外費用－買掛債務増加分－未払金増加分－未払費用増加分－貸倒引当金増加分－流動負債及び固定負債の引当金増加分－減価償却費＋棚卸資産増加分＋前渡金増加分＋前払費用増加分

第6章

秘伝!! 融資の奥の奥について知ろう

第6章

> 第**4**章,第**5**章で述べた銀行融資の基本的事項をベースに,いよいよ応用として"融資判断的"なものを皆さんにご説明します。ここは,この本の中でも最も重要な章です。ぜひ,ご一読ください!!

6-1 どう捉えればいいの？ 「総合的に判断して今回は見送ります。」

『最近，知り合った知人から，「住宅ローンを**総合的に判断**して，今回の融資は見送らせてほしいと言われた。通ると思っていたのにショックだった。」との話を聞いた。』

　金融庁は，この「総合的判断により」という謝絶理由はトラブルを招く恐れがあることから，申込者には可能な限り謝絶した理由を説明するように指導しています。しかし，実際には融資の謝絶について，**銀行は詳細な理由を言ってくれない**という不満の声をよく耳にします。特に，住宅ローンなど個人ローンについては，その類の話を多く聞きます。

　『理由を言えば，次に「それをクリアーするためには，どうすればいいんだ？」などと謝絶先から問われ，収拾がつかなくなり面倒だからである・・・。』という旨のコメントをしているサイトもあります。銀行の意図が実際に何処にあるかはケースバイケースだと思いますが，要するに「**銀行は，融資を返済できないと判断したから謝絶した**」のです。

　謝絶や申出どおりに融資に応じてもらえないケースにも，次のようなパターンがあります。

① 融資取引そのものができない。
② 金利の引上げを要求される。
③ 融資形態の変更を要求される（極度融資から個別の融資にされた等）。
④ 金額の減額，融資期間の短縮，担保・保証の追加を要求される。

　このうちの②は，相手が応じられない条件を提示し向こうから取り下げてもらうケースで，高等テクニックです。優良先だが金利に相当うるさく，稟議の手間暇等を考えると採算がとれない先は，今後の長期的な取引展望も勘案して，

第6章　秘伝!!　融資の奥の奥について知ろう

金利の引上げを要求することもありますが，まあレアケースです。もっとも深刻なのは①の借入ができると思っていたのにできないケースで，その企業・個人の定性的なところに問題がある場合が多いと思います。この点は，皆さんも顧問先から資金調達の相談を受けるケースが多いでしょうから，次の項でもう少し詳しくお話しします。

6-2　融資取引そのものができない（私はブラックリストに載っている？）

　融資そのものができないケースには，一般的に，次の場合が考えられます。
① 信用情報機関のブラックリストに載っている。
② 反社会的勢力との取引がある。もしくは，そのような組織に関与する役員等がいる。
③ 税金の滞納をしている。
④ 社会保険料の滞納をしている。
⑤ 風評被害が立っている。

　もっとも多いのは①ですが，銀行は，これに該当しているかどうかはおそらく教えてくれないでしょう。しかし，**信用情報機関に自分自身で問い合わせれば，調べるのは簡単です**。

　信用情報機関の代表的なものは，①**全国銀行個人信用情報センター**（一般社団法人全国銀行協会）②**JICC**（㈱日本信用情報機構），③**CIC**（㈱シー・アイ・シー）などです。これらのホームページをご覧いただければ，自分自身の信用情報についての開示方法が掲載されています。「俺は以前，クレジットの決済を遅らせたことがある。リストに載っているのでは？」，「昔，自己破産しているけど，まだ事故情報があるのでは？」など・・・と，もしも皆さんが悩んでいらっしゃるなら，開示依頼することをお勧めします。

意外と盲点なのは、④の社会保険料の滞納で、納税の滞納より甘く考えている企業が昔は多かったようです。ただ、時代は変わり、**社会保険料の支払を滞る企業は、社会的責任を果たしていないと厳しい評価を受ける時代**になりました。皆さんの顧問先が滞納をしているなら融資取引に影響を与えるとアドバイスしてください。

　⑤は悩ましい問題で、同業他社がライバル会社の風評を流すことも、実際にあると聞きます。金融機関が風評に対してどう捉えているかはなかなかわかりづらいことですが、これも対処の仕方はあって、昔聞いたユニークな裏技は、本当に信頼できる取引先にお願いして自身が振り出した手形を銀行で割ってもらうことです。その時の銀行員の反応で、ある程度のことは理解できるはずです（今、果してこれが通用するかどうか？）。

6-3　お教えしましょう！　審査判断の実演 　　　（融資条件の変更の裏側）

　設備資金の申込み事例をもとに、「審査とは、このように決定されていく」というものを、簡単な数値で説明します。ただし、これは筆者自身の考えにもとづくもので、銀行がすべてこのように判断しているわけではありません。また、審査判断はこれがすべてではなく、いくつかのパターンか"手法"があります（今回この事案だけに留めておく）。

第6章 秘伝!! 融資の奥の奥について知ろう

図表 6-1①
賃貸アパート購入金額

(単位：百万円)

内　訳	金　額	備　考
物件購入額	100	居住用の賃貸アパート
(内, 建物)	(75)	耐用年数30年
(内, 土地)	(25)	
購　入　費	10	租税公課等含む
合　　計	110	

　住居系・アパート購入資金として，次のとおり土地・建物の設備資金100百円の融資の申込みがありました。資金の手当ては，次のとおりです。

図表 6-1②
購入資金調達の内訳

(単位：百万円)

内　訳	金　額	備　考
銀 行 借 入	100	
期間30年，返済は元金均等返済で年3.3百万円×29年，最終年4.3百万円。貸出金利は年2％		
自 己 資 金	10	
合　　計	110	

　これに対して，申込者の返済計画は，次のとおりでした。自己資金がほとんどないなかではありますが，賃料収入で返済が可能な計画にはなっています。

図表　6-1③
賃貸アパート収集計画

(単位：百万円)

内　訳	金　額	備　考
賃料収入	12.0	月1百万円×12ヶ月
減価償却費	2.5	
諸経費	2.5	修繕費等も，この中に含む
支払利息	2.0	年利2％で算出
支出合計	7.0	
税引前当期純利益	5.0	
税　金	2.0	実効税率40％で算出
当期純利益	3.0	
返済原資	5.5	当期純利益＋減価償却費
約定返済額	3.3	期間30年，元金均等返済で年3.3百万円
返済余力	2.2	

　さて，銀行はどう見るかです。まず目につくのは，**自己資金が少ない（本体価格に対しては全額借入で調達）**ことと，**期間が30年と長期**であることです。

　銀行は，この検証を行う前段階として，①賃料収入が近隣の賃貸アパートの賃料相場と比較して妥当かどうか，不動産業者に対する聴取などの調査を行います。同時に，②担保となる賃貸アパートの評価を行う。大手金融機関は，グループ内に不動産の評価会社がありますので，そこに評価を依頼します。①の賃料水準が妥当であったとします。次に，グループ内の評価会社が算定した②の評価額が，次の表のとおりであったとします。

第6章 秘伝!! 融資の奥の奥について知ろう

図表 6-1④
賃貸アパートの評価額

(単位:百万円)

内 訳	金 額	備 考
購入金額①	100	
銀行評価②	80	銀行が評価した時価評価額
担保評価額③	64	②×80%(掛目)で算出
購入金額との差額	▲36	③-①

　担保評価額と申込金額の差額は，36百万円になります。これは大きな金額です。

　通常，**無担保融資**（担保でカバーされない部分の融資で，これを「信用貸出」あるいは「無担保融資」ともいう）**の最長期間は，5年**と考えてください。何故5年なのかというのは，審査においては，将来を合理的に予測して返済するのですが，将来を予測する際に合理的に予測出来るのは，せいぜい5年程度で，それ以上先のことは予測できないと考えているからです。つまり，**5年程度であれば，特殊な状況が起こらない限り**（検証した収入や支出が妥当ならば一応），**返済が見込み通り実施できる**と予測できるからです。そして，もし5年目から貸倒れが発生したとしても，**融資残額が担保評価額以内に収まっていれば，アパートの売却代金で回収が可能**ということになります。

　今回の場合は，約定返済を5年間実施しても，この担保差額は16.5百万円（3.3百万円／年×5年＝16.5百万円）しか埋まらないことになります。つまり，申込先の案件は，この無担保融資（信用貸出）部分が期間5年の範囲に収まっていないのです。

　次に，銀行は返済計画を検証します。設備資金は収益償還（第**4**章の設備資金を参照）ですから，①**家賃の部分**と②**融資の金利**を**厳しく見て**（通常これを「ストレスをかける」などと言う），収益償還が可能かどうかの検証をします。

　たとえば，次の図表のように，①の家賃収入では，退室者があり空室になることを想定して満室での計算は行わず，（いろいろなやり方があるが）12か月

107

のうち2か月は空室になると想定して10／12を乗じて家賃収入を計算し直します。②の金利では，現状の低金利がいつまでも続くわけではないので，金利を2%から過去の金利情勢等も勘案し4%で算出し直します。

図表　6-1⑤

賃貸アパート収集計画

（銀行目線：期間30年，借入金100百万円）

（単位：百万円）

内　訳	金　額	備　考
賃料収入	10.0	月1百万円×10ヶ月／12ヶ月
減価償却費	2.5	
諸経費	2.5	修繕費等もこの中に見込む
支払利息	4.0	年利4%で算出
支出合計	9.0	
税引前当期純利益	1.0	
税　金	0.4	実効税率40%で算出
当期純利益	0.6	
返済原資	3.1	当期純利益＋減価償却費
約定返済額	3.3	
返済余力	▲0.2	

※ 賃料収入と支払利息の行に「ストレス」

　これを見ると，30年で融資を組んでも，収益償還は年間20万円程度の不足に止まり問題なさそうです。しかし，30年と期間は長いし，もし今，何かあれば融資金の回収は36百万円損失となります。既に述べましたが，仮に先行きが見通せる今後5年間の返済ができたとしても，19.5百万円（36百万円－16.5百万円（5年間の約定返済額）＝19.5百万円）は貸倒れが出てしまいます。銀行は，最終的な判断として自己資金を20百万円追加してもらって，**融資額を80百万円に20百万円減額し，期間を20年に10年短縮してもらう交渉**を行います。以下の図をご覧ください。

第6章　秘伝!!　融資の奥の奥について知ろう

図表　6-1⑥
購入資金調達の内訳（修正バージョン）

(単位：百万円)

内　訳	金　額	備　考
銀 行 借 入	80	
期間20年，返済は元金均等返済で年4百万円×20年，返済金利は年2％		
自 己 資 金	30	
合　　　計	110	

これが1項④の条件変更にあたります。こうすると，担保価額64百万円と申込額80百万円の差額16百万円（4百万円／年×4年＝16百万円）は，4年間程度の借入期間で解消することになります。

ここで，再度，返済は可能かを見たものが，次の図表です。

図表　6-1⑦
パターン①　賃貸アパート収集計画

(銀行目線：期間20年，借入金額80百万円)　(単位：百万円)

内　訳	金　額	備　考
賃 料 収 入	10.0	月1百万円×10ヶ月／12ヶ月
減価償却費	2.5	
諸 　経 　費	2.5	修繕費等もこの中に含む
支 払 利 息	3.2	**年利4％**で算出
支 出 合 計	8.2	
税引前当期純利益	1.8	
税　　金	0.7	実効税率40％で算出
当期純利益	1.1	
返 済 原 資	3.6	当期純利益＋減価償却費
約定返済額	4.0	80百万円を期間20年で償還
返 済 余 力	▲0.4	

（賃料収入と支払利息の行に「ストレス」の注釈）

これですと，年間の収支額は40万円程不足になります。しかし，よく考えてもらえばわかりますが，現行2％の金利がすぐに4％になる状況は，実際にはあまり考えられません。そこで，この金利は現行どおり2％にして，少しストレスを緩めて算出して見たものが，次の図表です。

図表　6-1⑧

パターン②　賃貸アパート収集計画

（銀行目線：期間20年，借入金額80百万円）　　　（単位：百万円）

内　訳	金　額	備　考
賃料収入	10.0	月1百万円×10ヶ月/12ヶ月
減価償却費	2.5	
諸経費	2.5	修繕費等もこの中に含む
支払利息	1.6	年利2％で算出
支出合計	6.6	
税引前当期純利益	3.4	
税　金	1.4	実効税率40％で算出
当期純利益	2.0	
返済原資	4.5	当期純利益＋減価償却費
約定返済額	4.0	80百万円を期間20年で償還
返済余力	0.5	

←ストレス

これで計算すると返済余力は50万円ほど捻出され，少なくとも担保不足が解消する4年間は充分返済が可能となることがわかります。仮に，5年目から貸倒れが発生し担保を回収するために売却した場合を考えると，融資残額64百万円はアパートの売却代金が時価の80百万円でなく64百万円まで下がっていても全額回収できることになります。時価に掛目（今回は8掛け）を付けるのは，将来の価値（回収）減額分を織り込むためです。稟議書には，融資と金利を厳しく見た場合の収支表（図表6-1⑦）と，金利を現行金利で見た場合の収支表（図表6-1⑧）の二つを添付して，稟議を通します。

以上が，設備資金の審査の実演です。ただし，担保不足があれば（今回は36百万円）必ず融資の減額と期間短縮の申出があるかといえば，そうではありません。たとえば，①融資先や連帯保証人になるオーナー個人に資金需要がない運用資金として現預金が100百万円以上あり，それが申出した銀行で預けられている（全額預金で返済することができる），とか②他に余剰収入が年間30百万円以上あるなど【税引き後の手元余剰金が年間15百万円（30百万円×個人実効税率50％＝15百万円）あることになり，これで行けば3年以内（15百万円×3年＝45百万円）で担保不足分36百万円をカバーできる】，今回の申込み以外にプラスの判断材料がある場合は別です。

　これは，「融資先の属性」（第❹章の設備資金を参照）というもので，属性の良い先に対しては**銀行次第**ですが，申し込まれた100百万円，期間30年の条件で対応を行うことも充分に考えられます。

　この考え方は，住宅ローンにもあてはまります。**住宅ローン**の場合は，「**返済比率**」という概念で，これは次の算式で計算します。

【返済比率の算式例】

（全ての借入金の年間返済額※①）÷（税込の年間所得額）

　　≦30％ ⇒ ローン対応は可能

　※①　金利は変動金利の場合4％で融資。他のローン，たとえば自動車ローンやカードローンなども各金融機関のルールにもとづいて算出し，この年間返済額の中に算入する。

　35％でもよいという人がいますが，税金や社会保険料などを引かれた後の手取りで考えると意外と返済はきつく，やはり返済比率は30％が妥当です。借入割合も同じ考え方で，通常は必要金額の80％，多くても90％以上は借りてはいけないと筆者は思います。

　皆さんが顧問先から住宅ローンの相談を持ち込まれたら，以上の点をアドバイスしてあげてほしいと思います。

6-4 創業融資・保証協会の落とし穴
（注意点をザックリお教えします）

　皆さんのなかには，創業早々の顧問先から，銀行での融資を受けたいと相談されることも多いことでしょう。金融機関から創業時に融資を受けるためのハウツー本は数多くありますが，ここで同じことを筆者が繰り返しても仕方ないので，当たり前のことを当たり前に言うと，創業間もない取引先の資金調達には，①**日本政策金融公庫**（前身は国民生活金融公庫，中小企業金融公庫，農林漁業金融公庫）と②**保証協会の制度保証を利用した金融機関による融資**の二つがあります。この融資は，**資金事情に応じて通常は1,000万円程度を無担保，無保証で融資あるいは保証**してくれます（当然，必ず審査が通るわけでない）。

　銀行は，無担保の融資対応をしています（3項で述べた「信用融資」）。しかし，これは銀行が無担保（"**信用**"）で取引先に融資をしているのですから，**貸倒れず返済してくれるという信用がないと貸すことはできません**。銀行は，この"信用"を判断する材料を過去の実績（直近の試算表も含む）から導き出しています（その企業の償還能力でもある）。

　企業としては，「いや，過去の実績ではなく，今のうちの企業の成長性を見てください。」と言いたいことも多くあるでしょう。しかし，銀行は，ほとんどの顧客について，その成長性や将来性を重視した審査を行っていません（本当に残念だが）。というか，行う術がないと言ったほうが適切でしょう。実際には，**過去の実績は概ね直近3期以上の過去の決算書と直近試算表のデータから形成され**，この対象企業の過去の実績をベースに今後の業績を導き出す手法を採っています。**この導き出された信用の"効力（予測確実性）"は，概ね3年～5年であるため**，信用融資（保証もなく担保でカバーされない融資）の返済期間は最長でも5年となっているのです。したがって，銀行が創業早々の会

112

社に無担保で融資を行うことは，まずない（当然，例外はあり，大手あるいは優良企業の子会社や保証が入っている企業，大手取引先の販売が確実に見込まれるとか，代表者兼連帯保証人に相応の資産背景があるような先である）ことになります。

　ゆえに，通常の創業企業の資金調達には，**保証協会と日本政策金融公庫**によるこの二つの調達方法が必要となってくるのです。筆者も渉外担当の時には，この保証協会の保証付き融資を実によくやりました（通常，銀行員はこの保証協会の保証付き融資を「**マル保（マルホ）**」と呼んでいる）。ただし，**この二つの資金調達を同列の融資調達と考えている金融コンサルタントは実に多く**，ここでは，この考え方からくる危険性を数字で示しながら述べておきます。次の図表をご覧ください。

図表　6－2①

（単位：百万円）

融資内訳	金額	備考
①証書貸付（運転資金）	50	保証協会付融資（借入期間5年）
②手形貸付（運転資金）	50	（借入期間1年：極度）
③証書貸付（設備資金）	200	不動産物件甲の購入資金
融資合計（A）	300	
保証・担保内訳	金額	備考
保証協会保証	50	当初無担保枠で融資実行
不動産（物件甲）	200	根抵当権極度200百万円
不動産（物件乙）	10	根抵当権極度100百万円
保証・担保合計（B）	260	
ポジション(B)－(A)	▲40	

『保証協会の保証枠（無担保枠）を利用して50百万円の融資をした。実行当初は，上図のとおり50百万円の担保不足となっている。上記の実行から3年が経過した。プロパー融資の残高がこの間50百万円約定返済により減少し，次のとおり銀行の融資は担保や協会保証でフルカバーとなっている（貸倒れた時に回収不足がない状態）。

図表 6-2②

(単位：百万円)

融資内訳	金額	備考
①証書貸付（運転資金）	20	保証協会付貸出（残り期間2年）
②手形貸付（運転資金）	50	（借入期間1年：極度）
③証書貸付（設備資金）	150	不動産物件甲の購入資金
融資合計（A）	220	
保証・担保内訳	金額	備考
保証協会保証	20	当初無担保枠で貸出実効
不動産（物件甲）	200	根抵当権極度200百万円
不動産（物件乙）	10	根抵当権極度100百万円
保証・担保合計（B）	230	
ポジション(B)－(A)	10	

　この会社は，3年後に資金繰りが苦しくなり，物件甲を200百万円，物件乙を10百万円で売却して，プロパー融資②の残高50百万円，③の残高150百万円の合計200百万円に充当し完済した。借入金完済後の10百万円（売却金額210百万円－借入金返済額200万円）は，今後の運転資金としてこの会社が使うことになった。

図表 6-2③

(単位：百万円)

融資内訳	金額	備考
①証書貸付（運転資金）	20	保証協会付貸出（残り期間2年）
②証書貸付（運転資金）	0	残高50百万円を返済
③証書貸付（設備資金）	0	残高150百万円を返済
貸出合計（A）	20	
保証・担保内訳	金額	備考
保証協会保証	20	当初無担保枠で貸出実効
不動産（物件甲）	0	物件を200百万円で売却
不動産（物件乙）	0	物件を10百万円で売却
保証・担保合計（B）	20	
ポジション(A)－(B)	0	

注意!! 保証協会は銀行がプロパー融資を回収した後の担保余剰分を保証している金額に充当することができる。

その後，さらに，この会社の業績が急激に悪化し，倒産をしてしまった。保証協会に保証付き（無担保枠）融資①の残額20百万円の代位弁済（銀行に対して融資先の代わりに返済をしてくれること）を請求したところ，保証協会から何と**否認**（弁済を拒否されること）されてしまった。銀行担当者は，驚愕である。』

「協会の保証は無担保枠の保証であったはずなのに。何故？」これは，現役の銀行マンでも知らない人がいるはずです。

よく考えてください。**保証協会の保証付きといっても，銀行の融資に変わりない**のです。したがって，この融資①は，保証協会の保証が付いていたとはいえ，**不動産の担保甲と乙により担保される融資でもあった**のです。もし，この不動産担保があればどうでしょうか。銀行は，保証協会へ20百万円の代位弁済を依頼し，保証協会より返済をしてもらいます。さらに，担保不動産甲，乙を競売等した際に回収できる210百万円により自身のプロパー融資200百万円を回収します。その後，保証協会では，不動産売却代金の残額10百万円を例の20百万円の回収に充てることができたはずです。銀行は，安易に担保解除を行い，最終的に保証協会の回収額を10百万円悪化させたことになるのです。

このように，担保不動産の根抵当権を解除し売却する時は，無担保枠といえども保証協会の承諾が必要です。これは，返済猶予（「**リスケ**」"リ・スケジュール（reschedule）"の略）の時も同じで，たとえばA銀行の融資が100百万円（プロパー融資90百万円と協会保証付き10百万円），B銀行が50百万円（全額協会保証付き）であったとすると，全額返済ストップ後に返済できる金額が年間15百万円であれば，どのようにこの15百万円を割り当てるかという同じ議論が出てきます。

次の図表は，ある会社のリスケ前の借入状況です。

図表 6-3①

リスケ前

(単位：百万円)

	融資内訳	金額(A)	年間約定返済額	約定返済額シェア	借入金残高シェア	担保(B)	ポジション(A)-(B)	備考欄
A銀行	①証書貸付（運転資金）	90	90	88.2%	60.0%	0	▲90	プロパー貸出（短期）
	②証書貸付（運転資金）	10	2	2.0%	6.7%	10	0	保証協会付（担保10は保証協会保証）
	A銀行計	100	92	90.2%	66.7%	10	▲90	
B銀行	②証書貸付（運転資金）	50	10	9.8%	33.3%	50	0	保証協会付（担保50は保証協会保証）
	B銀行計	50	10	9.8%	33.3%	50	0	
合計		150	102	100.0%	100.0%	60	▲90	

　銀行としては，A銀行の90百万円に15百万円を全額充当してほしいところでしょうが，そうはいきません。保証協会が要求するリスケの要請は，次の図表のとおりです。

図表 6-3②

リスケ後

> 原則、借入残高シェアで約定返済額を決められてしまう!!

(単位：百万円)

	融資内訳	金額(A)	年間約定返済額	約定返済額シェア	借入金残高シェア	担保(B)	ポジション(A)-(B)	備考欄
A銀行	①証書貸付（運転資金）	90	9	60.0%	60.0%	0	▲90	プロパー貸出（短期）
	②証書貸付（運転資金）	10	1	6.7%	6.7%	10	0	保証協会付（担保10は保証協会保証）
	A銀行計	100	10	66.7%	66.7%	10	▲90	
B銀行	②証書貸付（運転資金）	50	5	33.3%	33.3%	50	0	保証協会付（担保50は保証協会保証）
	B銀行計	50	5	33.3%	33.3%	50	0	
合計		150	15	100.0%	100.0%	60	▲90	

　一見しておわかりのように，担保割れ等に関係なくA銀行に10百万円，B銀行に5百万円の返済です。そして，A銀行は，10百万円を全額プロパー融資に充当することは許されず，融資残高の比率（これを「**プロラタ**（pro rata）

返済」という）に応じてプロパー融資に９百万円，協会保証付き融資に１百万円の返済を行うことを原則要求されます。これまでと同様に，**要は協会保証であろうがなかろうが同じ金融機関の融資なのだから，融資の残高比率で返済を行ってくれ**ということなのです。保証協会付き融資はあくまでも銀行の融資であり，それに保証協会が「保全（この場合は融資を貸倒れのリスクから保護するという意味）」で保証をしている融資であるとの認識を強く持つ必要があります。

6-5　その他の注意点（ここも必見です!!）

　最後に，最近の事項について，まだ扱っていなかった点をいくつか取り上げます（あくまでも所感にとどめたい）。ただし，本書は，皆さんにとっての融資（金融）に関する教科書としての位置づけでも書いています。その意味から，事業再生までを含む多方面についても，一応コメントをさせていただきました。

(1)　預金や決済機能を融資以外の取引銀行に移す！

　これは愚の骨頂だと，筆者は思います。融資先の定期預金は，「**非拘束定期**」と呼ばれていて，貸倒れた時には「**同行相殺**」といって期限の利益が消滅した融資と相殺が可能です。したがって，社長のなかには，「銀行は貸倒れ時の回収不足をおそれ，本当に資金が必要な時に定期預金を解約させてくれない。」と言う人がいます。そもそも「本当に必要な時とは何時なのか？」，買掛債務の決済をする時でしょう。決済ができなければ倒産で，銀行には融資先を倒産に追い込む権利などないはずです。

　銀行の肩を持つつもりはありませんが，それよりも取引口座があれば，その取引先の資金余力や業容はよくわかるのですから，**属性の良い先と見なされ**（３項を参照），むしろ融資条件良化の判断材料となるはずです。とにかく，

民事再生法に持ち込まれる可能性がある先ならいざ知らず，これから積極的に銀行との融資取引を行っていきたいという意向なら，全く逆の動きをしていると考えたほうがいいです。

(2) 不動産担保の枠空分が使えない（保証協会の優先充当に注意）！

次の図表をご覧ください。

図表 6-4①

(単位：百万円)

融資内訳	金額	担保・保証内訳	金額	備考
①証書貸付（運転資金）	50	保証協会保証	50	①の保証で無担保枠
②証書貸付（運転資金）	50	不動産（根抵当権極度1億円）	100	物件の時価は500百万円
		担保物件合計（B）	150	
融資合計（A）	100	ポジション(A)－(B)	50	

『これは，不動産担保として根抵当権の極度を100百万円設定している先のケースである。時価は500百万円なので担保価値は充分ある。この先はプロパー融資で50百万円，協会保証付き融資で50百万円の合計100百万円を借りている。1年後に銀行に保証協会付きで50百万円を申し込んだのだ。その際オーナーが考えたポジションは，次のとおりだ。』

図表 6-4②

オーナーが考えていたポジション状況

(単位：百万円)

融資内訳	金額	担保・保証内訳	金額	備考
①証書貸付（運転資金）	50	保証協会保証	50	①の保証で無担保枠
②証書貸付（運転資金）	50	不動産（根抵当権極度1億円）	100	物件の時価は500百万円
③証書貸付（運転資金）	50	保証協会保証	50	③の保証で**無担保枠**
		担保物件合計（B）	200	
融資合計（A）	150	ポジション(A)－(B)	50	

『しかし，実際のポジションンは，次のとおりであった。

今回，設備資金（担保徴求不可の機械設備）が50百万円必要なので，不動産担保の枠空きが50百万円まだあると思いプロパーで50百万円を申し込んだところ，担保の枠空きがないので融資ができない旨の回答が銀行からあった。これは，1年前の保証協会付き融資が無担保枠ではなく，銀行がとっている不動産

第6章 秘伝!! 融資の奥の奥について知ろう

担保極度100百万円のうち50百万円を使った有担保枠（保証協会に担保を差し入れた保証）であったためだった。』

図表 6－4③
実際のポジション状況

銀行と協会の間で銀行の不動産担保100百万円の内，協会へ50百万円を担保として差出している！

（単位：百万円）

融資内訳	金額	担保・保証内訳	金額	備考
①証書貸付（運転資金）	50	保証協会保証	50	①の保証で無担保枠
②証書貸付（運転資金）	50	不動産（根抵当権極度1億円）	100	物件の時価は500百万円
③証書貸付（運転資金）	50	（③の保証協会への優先充当）	▲50	
		保証協会保証	50	③の保証で有担保枠
		担保物件合計（B）	150	
融資合計（A）	150	ポジション（A）－（B）	0	

担保余力はなく，長期の設備資金50百万円の新規融資は信用融資となってしまう！

既存の根抵当権の極度の一部を保証協会に充当させることを「**優先充当（あまり聞かないが劣後充当というのもある）**」といいます。通常，**保証協会の無担保枠は80百万円**です。80百万円以上の保証協会付き融資が出ている時は，銀行に設定している不動産担保の根抵当権の極度額の一部が協会に使われていると考え，銀行に確認をしたほうがよいでしょう。

(3) 不要に設備資金の担保を根抵当権にしない！

不要に銀行への担保を根抵当権にしない。これは大原則です。

たとえば，設備資金融資100百万円の実行に際し購入した物件に担保を根抵当権で極度100百万円設定したとすると，借りた本人は設備資金のつもりで設定した担保だとしても，銀行側は別の融資の保全として，この根抵当権を見ています。**設備資金が完済になった時，普通抵当権なら抵当権自身の債務がなくなることから，その効力は消滅するが根抵当権はそうではありません。**「根抵

当権を外したければ，他の融資も完済してください。」などということになります。担保設定時に根抵当権で設定するか，普通抵当権で設定するかは，非常に重要な要素になります。

(4) メガバンクは全行と取引しない！
　（触りだけにしておきますが）いざメインバンクと決裂となった時に，本当に大きな金額を引き出せるのは，他のメガバンクです。すべてのメガバンクと取引をしてしまえば，いざという時，調達できる"駒"がなくなってしまいます。
　特に，あの銀行は残しておいたほうがよい。よくアグレッシブな動きをしてくれます。

(5) 自身の取引先の信用が落ちたかどうかのサインはこれ！
① 総合振込や給与振込の送金資金を事前に用意させられる。
　皆さんは，もうおわかりでしょうが，銀行は総合振込や給与振込の資金額が預金残高以上となって瞬間的に不足したとしても，**信用のある先には当日中に入金をしてくれると判断し，決済引出のマイナス枠を設けて**一時的に立て替えています。特に，給与振込などは従業員の生活にかかわる労働債務であり，夜間に従業員の口座に入金を行っています。しかし，信用力がなくなった場合は，これができなくなります。まず，**振込資金を事前に引き落とした後で，給与振込の処理を行う方法に変更させられます**。理由は簡単です。たとえば，夜間に残高不足のまま給与振込をして，日中にその会社が倒産したらどうでしょうか。振り込んだ給与分は従業員の生活資金ですから，立て替えた不足額の回収は非常に難しいでしょう。
② 私募債や金利スワップ，リスク性のある運用商品のセールスがなくなった。
　これは一概に言えませんが，信用力のない先に金利スワップ等の商品やリスク性のある運用商品をセールスすることは，優越的地位の濫用に繋がるとの判断を銀行がしているからです。もっとも，当然，別の理由があり違う場

合もあります・・・。
③　社長宛に投資信託などのリスク性のある運用商品をセールスしなくなった。
　　これも②と同様で，融資をしてほしい弱い立場の企業の社長は，銀行からリスク性のある運用商品をセールスされても断れません。そこで，銀行としても優越的地位の濫用となりかねないこれらの行為を控えています（これも，あくまでも一般論である）。

(6)　事業再生についてひと言（敢えてもの申す！！）
　これまた，最近の事項について，あくまでも所感にとどめたいと思います。
①　DDSって有効？
　　DDS（デット・デット・スワップ（Debt Debt Swap））という手法は，要約すると融資の一部を劣後ローンとして繰り延べてもらうことで，繰り延べられた融資は融資先にとって純資産とみなせるので，債務超過の解消になるという手法です。よく事業再生の本に出てくるが大手金融機関で，この手法が汎用化しているかというとそうではありません。地銀などで応じてくれる銀行はあるかもしれませんが，実施されているケースはごく少数の大口融資先だけで，中小企業には間違いなく縁遠い話です。
　　DES（デット・エクイティ・スワップ（Debt Equity Swap））（銀行が自社の融資債権を自社の株式に換えてくれる）に至っては，もっとレアです。2015年3月3日付の日経新聞朝刊にシャープ㈱が主な取引行2行に，このDESの要請を依頼したと報じていたが，中小企業がこのような支援が受けられるわけもなく，どこか外国の話しのような現実味のない手法だと思われます。
②　中小企業再生支援協議会は使わなければいけない？
　　中小企業再生支援協議会は，資金繰りが悪化した時にコンサルティング機能を発揮しバンク・ミーティングなどの取り纏めも行ってくれます。中小企業にとっては，ありがたい味方です。しかし，この協議会を必ず使わなければならないかというと，そんなことはなく，皆さんが顧問先を指導し，それ

を受け顧問先が再生に伴う事業計画をきっちり作成して,対金融機関に説明することができるのなら,支援協議会は必要ないでしょう。筆者は,**顧問税理士や会計士が「この会社は俺が守っていく。」との気概を強く持つことが重要**だと思っています。顧問先の**バンク・ミーティング**に関与していない顧問先税理士は,むしろ,そのことを恥じるべきだと筆者は思います。

③ ABLは導入する必要あるの？

売掛債権や在庫を担保に融資をすることをABL(アセット・ベースト・レンディング(Asset Based Lending))といい,もう10年以上前から形を変え導入されてきた手法です。担保になる不動産がない法人には有効な手法ですが,そもそもこのような手法を導入する先の中には,**このような手法を使わないと資金調達ができないほど資金繰りに困っている先も多くあるから**ではないでしょうか。もし,**慢性的に本当に資金繰りに困っている先であるなら,筆者はこのABLを推奨しません。**

ご承知のように,民事再生法を適用し再生するときは,これが大きな足枷になります。民事再生申立の日は売掛金が入金される日の前日に行うケースが多く,申立日以後の売掛金の入金資金が既存の融資金と相殺されることはなく,再生のための事業資金として自由に使うことができるからです。ところが,ABLの担保となっている売掛金は,当然,対象の既存融資金と相殺されることになります。ABLは,担保余力のない企業の強い味方などとは,夢にも思わないほうがよいでしょう。

第7章

銀行へのアプローチの心構え

　さて，第4章から第6章までで，銀行融資の基礎から応用的な要素（融資の判断）までかなり幅広く説明いたしました。この第7章では，これまでの融資の知識を使って，皆さんに彼ら（銀行員）とどう付き合っていけばよいのかを説明します。

7-1 忙しいけど・・・我慢して!!
(決算申告シーズンと"月平")

　まず初めに，これは知ってほしいのは，皆さんが一番忙しであろう申告時期（2月15日～3月15日）は，彼らにとっても最も忙しい時期であるということです。

　この2月の中旬から3月の中旬は，銀行の下期（10月1日～翌年3月31日）の業績の大勢が決まってしまう最も重要な時期でもあります。たとえば，融資です。新規の申請（稟議）をこの時期までに上げていないと，3月下旬の実行はかなり厳しくなります。

　銀行によっては，期末（3月31日）近くの単発の新規実行をやめさせ，実のある新規獲得をさせるため，新規実行を月平均残高縛りにしている銀行もあると聞きます。たとえば，新規先目標の実績カウントを新規実行額10百万円以上とすると，3月31日までに新規実行を行えばよいことになります。なかには易きに流れ，3月31日に新規実行を行い4月1日には完済をし，1日だけ取引先に付き合ってもらおうという，"料簡の狭い担当者"が出ないとも限りません（いや，必ずと言っていいほど出るだろう）。

① そこで，業績推進を行う本部は，新規実行10百万円以上にプラスして「但し月平均残高で10百万円以上」との条件を付す。そうすると，最低でも10百万円を**3月1日**に実行する必要が出てくる。

② 稟議が遅れ，**3月16日に実行**したとしたらどうか？
　　月平均残高を10百万円以上にするのは，約19.4百万円以上の実行が必要となる（10百万円×31日＝310百万円，310百万円÷16日(16日～31日までの日数)≒19.4百万円）。

③　最終期末（3月31日）だと・・・。
　　310百万円以上の実行が必要だ。新規先から310百万円以上の実行は，かなりのハードルだ。

　皆さんには，銀行では，この"月平"あるいは"期平（期（6か月）の平均残高）"の考え方を重視していることを知ってほしいのです。即ち，**融資案件は，業績的にも早ければ早いほど，実績に繋がり易いのです**。

　融資や諸々のセールスの時に，取引先から「一応税理士の先生に相談してみないと・・・。」という話があったときには，銀行は「じゃあ，お待ちしていますので，直ぐに，先生に電話してもらえますか？」などという話になります。しかし，税理士からの電話の声は大概，「申告が終わる3月15日まで手が離せないよ。じっくり検討させてもらいたいので，できれば4月1日以降にしてもらえるかなぁ。」というものです。これでは話になりません。

　ですから，「これだから税理士は使えないよな。この会社のために決算月の3月期末までにこの案件をやりたいのに，税理士は自分のことしか考えてないよ。」などの怨嗟の声が，銀行員の大半から起こるのでしょう。皆さんにお願いしたいのは，銀行員と本当に付き合いたいのなら，彼らの時間に合わせてほしいということです。3月15日までの個人の申告時期に限らず，取引先の税務調査の対応など，本当に忙しい時期は多々あるでしょうし，大変なのは本当に重々よくわかります。しかし，（やり方はさまざまあるが）まずは相手（銀行員）の話に耳を傾けてほしい，「忙しいけど，我慢して」ほしいのです。

7-2　生意気だけど・・・我慢して!!

　彼ら（銀行員）は，世間知らずです（第2章を参照。もう多くを言わなくてもいいだろう）。メガバンクの行員ですと，ワンロット億単位の融資をほとんどの行員が経験していますので，気持ちが大きくなるもの当然です。なかには，

次のような電話をしてくる銀行員もいるようです。

　　税理士・甲：「もしもし，甲税務会計事務所の甲ですが・・。」
　　銀行員・乙：「ああ，甲さん。○○さん（融資先）に繋がらないので，連絡したんですけど。ちょっと教えてほしいんだけど・・・。○○さん（融資先）の確定申告書なんだけどさあ～。このマンションの賃料収入，これ，消費税かかんなくていいの？」

　ここで「お前，俺より20歳も年下の若造のくせに生意気な口を聞くな。居住用の賃料収入が非課税なのは，イロハのイだろうが。そんなことも知らないのに生意気に電話してくるな！ボケ！」などと切れ（キレ）てはいけません。

　繰り返しになりますが，本当に世間知らずなのです。ワンクッション置いて，こう前向きに捉えましょう（この銀行員（乙）は，学生時代は親に家賃を払わせ，銀行に入ってからも独身寮に入っていて，自分で家賃を払ったことがないんだな。だから，消費税がかかるかどうかわからないんだな。多分，バイトもやったことがないから，目上の人への口のきき方も知らないんだな・・・。可哀そうに）。そして，ゆっくりとした口調で，こう教え諭してやりましょう。

　　税理士・甲：「乙さん，お電話ありがとうございます。非常によいご指摘です。賃料収入は，事業用のものには消費税が課税されますが，居住用の賃料収入は非課税です。今回の○○様の場合は，マンションの賃料収入なので居住用ですよね。ですから，消費税がかかってないんです。
　　　　　　　　でも，○○様は税務に精通していて，外部の人に対しては本当に厳しい方です。このような質問を直接されれば，きっと貴行の取引を見直されてしまうかもしれません。○○様に直接聞くのはお止めになったほうが，宜しいかと思います。
　　　　　　　　今後はネットで少し，ご自身でお調べになるか，今回のように遠慮なしに私宛に質問してください。」

などと大人の対応をしてほしい，**生意気だけど，我慢して**ほしいのです。**これも本当に大事なポイントです!!**

7-3 彼らの参謀役になる（その①「ゴーイング・コンサーン・ベースの自己資本？」）

　内容は，表題ほど仰々しいものではありません。銀行が取引をするということは，当然，経済行為としてお金が動き，資産（不動産や有価証券）が移動していることが多いはずです。そしてそこには，かなりの確率で税金の問題が発生しています。そこを「教えてくれる人がいればなぁ～。」と，筆者自身何度もそう思いました。

　そこに，皆さんに良きアドバイザーとして入っていただければと，切に思います。その思いをもっと具体的な事例で示しましょう。

図表　7-1①

A社のB/S（要約図：簿価ベース）及びP/L

（単位：百万円）　　　　　　（単位：百万円）

資　　産	400	借　入　金 （甲社長から借入）	200
事業用資産	600	負　　債	600
		純　資　産	200
合　　計	1,000	合　　計	1,000

売　　上	500
経 常 利 益	10
当期純利益	5
減価償却費	10
(内再投資分)	(5)

【上記以外の事項】
① 甲社長年齢：80歳
② A社借入金：全額，甲社長のもので，今まで本件借入に対するアドバイスは受けていない。
③ 後　継　者：長男乙。法定相続人は乙のみ。
④ 甲社長資産：A社株（100％所有），自宅（相続税評価額36百万円），長男乙は本人所有の自宅あり。
⑤ その他事項：純資産200百万円には，繰越欠損金なし。

まず，Ａ社は黒字ですが借入金が重く，債務償還年数は20年と長めであることです（第5章５項の債務償還年数を参照）。また，借入金はすべて社長からのもので，社長への完済は20年を要することになります。いくら社長からの借入金とはいえ，この財務内容と収益力では信用調査会社の評点もあまり高くないでしょう。さらに，社長は80歳と高齢で，相続人は長男の乙のみ。そして，このＡ社の借入金は，なんと全額社長甲からのものであることです。

　社長の相続がいますぐに発生したらどうなるか。長男乙は63百万円※近い相続税を負担することになってしまいます。

【算定根拠】※

相 続 財 産：自宅36百万円＋**金銭債権**200百万円＋Ａ社株式**０百万円**
　　　　　　＝236百万円

基 礎 控 除：30百万円＋６百万円×１名＝36百万円

課税遺産総額：236百万円－36百万円＝200百万円

相続税の計算：200百万円×40％－17百万円＝63百万円

　Ａ社の甲社長からの借入金200百万円は，甲社長への貸付債権すなわち金銭債権という相続財産です。金銭債権は現預金と同じ額面金額評価ですから，これは痛い。現預金があるわけではなく，200百万円は自身の一族が経営するＡ社への貸付であり収益力は年間10百万円（当期純利益５百万円＋減価償却費10百万円－再投資分５百万円＝10百万円）しかありません。そして，ポイントはＡ社株式の評価が０百万円ということです。これについては，次のＡ社の財務バランスをご覧ください。

図表 7−1②
乙社のB/S（要約図：精算時価・GC(ゴーイング・コンサーン・ベース)の時価）

(単位：百万円)

内　　容	精算時価	GC時価	内　　容	精算時価	GC時価
資　産 （事業用資産以外）	400	400	借　入　金 （甲社長から借入）	200	200
事業用資産	100	600	負　　債	600	600
			純　資　産	▲300	200
合　計	500	1,000	合　計	500	1,000

> 本社屋不動産に含み損500百万円があり。したがって，清算ベースでは▲300百万円の債務超過となるが，企業継続ベース【GC（ゴーイング・コンサーンベース）】では200百万円の純資産となる。
> （ただし，自己資本比率は20％と低調，かつ債務償還年数も20年と芳しくない。）

　これは，純資産がどうなっているかを時価ベースで表したものです。ここで，純資産を示す時価には，「**継続企業前提（ゴーイング・コンサーン・ベース）（going concern）の時価**」と「清算企業前提の時価」の2通りあることをおわかりいただきたい。通常，銀行が企業の債務超過を判定する時の時価は，「ゴーイング・コンサーン・ベース」です。継続企業の前提は，「会計公準」という分野で出てきますので，会計学を学んだ皆さんには懐かしいかもしれません。この表で注目していただきたいのは，事業用資産の簿価が600百万円なのに対して，清算ベースでは100百万円の評価しかないことです。

　もっと具体的に，たとえばA社はバブル時に600百万円で事業用の土地建物を買い，この土地建物を使って，今，事業を行っている。A社は，この土地・建物の市場価値を勘案すると▲500百万円（100百万円−600百万円＝▲500百万円）の含み損を持ち，これを考慮すると純資産は▲300百万円（200百万円＋▲500百万円＝▲300百万円）の債務超過になっていることがわかります。A社株式の相続税評価額が0百万円なのは，これが要因です。

　しかし，よく考えてください。A社は，本当に債務超過になって困っているといえるのでしょうか？　この含み損のある土地建物は事業用資産として必要

であり、事業を継続している現段階でA社に売る意思は全くありません。よって、この含み損▲500百万円は、A社が永久に存続（ゴーイング・コンサーン）する限り、決して実現することのない含み損なのです。したがって、A社の廃業を想定せず、継続して融資取引を行う意向の銀行にとっても、A社の純資産を時価ベースでみる時は、ゴーイング・コンサーン・ベースで評価することになるのです。この場合の純資産は、200百万円の評価となります（銀行によってはこの純資産を「実質自己資本」などともいう）。A社の清算ベースの純資産を検証するのは、この会社が本当に精算・廃業を行う時になるでしょう。

　一方で、相続税評価のA社株価ベースではどうか？　既に述べましたが、純資産価額方式ではやはり債務超過であり、A社の株価は0円ということになります。黒字だが、収益力が弱くて借入金が重くなっています。そして、社長甲の余分な承継負担にもなっているこの借入金200百万円の対策は、どうしたものでしょう。そこで登場するのが、**参謀役としての皆さんなのです**。

7-4　彼らの参謀役になる
　　　（その②「疑似DES？　何それ？」）

　皆さんは税務の立場から、もう一度、図表7-1①をご覧ください。「社長、甲の借入金200百万円をなんとかしなければいけない。」というのは、おわかりでしょう。

　よくやるのが、債務免除益を計上して繰越欠損金などと相殺するケースですが、この会社は繰越欠損金がありません。債務免除をすると、約72百万円（債務免除益200百万円×実効税率36％≒72百万円）の税務コストが発生します。平成18年の会社法施行前まではDESという方法もよく採られていて、

　　　（借方）借　入　金　　200百万円　　（貸方）資　本　金　　100百万円
　　　　　　　　　　　　　　　　　　　　　　　　資本準備金　　100百万円

などという仕訳で帳簿上の処理は完結していました。しかし，会社法になってからの借入金の評価は「券面額説」から「時価評価説」に変わりました。

（実質）債務超過の会社の借入金を資本に振り替えて果たしてよいのか？ 甲社長の200百万円は本当に200百万円の時価といえるのだろうか？ 実務上はこの部分に議論があり，表面上はもとより実質上も債務超過になっている会社にDESを行うと法人に"みなし受贈益"の問題が発生するとして，多くの実務家はその処理を避けます。そこで，出てくるのが「**疑似DES**」です。具体的なスキームは，次のとおりです。

図表 7-1③
A社の疑似DESスキーム図

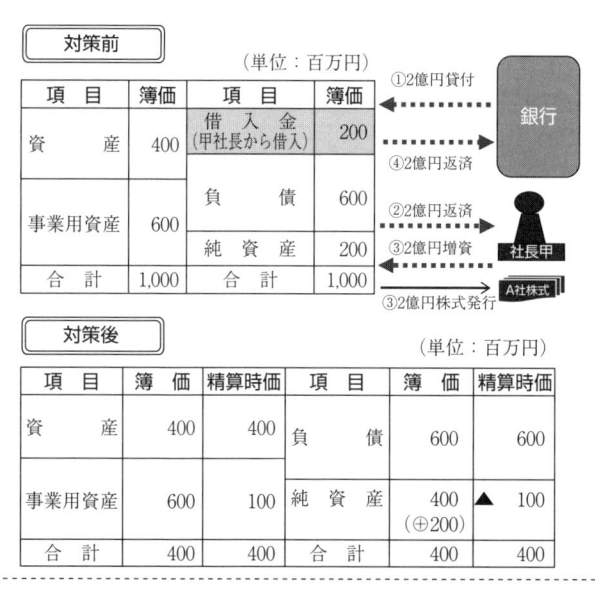

対策前　　　　　　　　　　　　　　（単位：百万円）

項　目	簿価	項　目	簿価
資　産	400	借　入　金 (甲社長から借入)	200
事業用資産	600	負　債	600
		純　資　産	200
合　計	1,000	合　計	1,000

① 2億円貸付　銀行
④ 2億円返済
② 2億円返済　社長甲
③ 2億円増資
③ 2億円株式発行　A社株式

対策後　　　　　　　　　　　　　　（単位：百万円）

項　目	簿　価	精算時価	項　目	簿　価	精算時価
資　産	400	400	負　債	600	600
事業用資産	600	100	純　資　産	400 (⊕200)	▲100
合　計	400	400	合　計	400	400

【スキームの流れ】
① 銀行は，A社に200百万円を貸し付ける。
② A社は，社長甲に借りていた200百万円を返済する。
③ 社長甲は，返済してもらった現金200百万円で，A社に増資を行う。
④ A社は，社長甲から出資された200百万円で，銀行からの借入金を返済する。

【対策前】社長甲の財産　A社貸付債権：評価額 **200百万円** ⇒ 【対策後】社長甲の財産　A社株式：評価額 **0百万円**

この方面のコメントを書いた実務書は少ないですが，多くの専門家は肯定しています。筆者も，甲社長の金銭債権がA社株式に変換するだけであり，収得税（法人税や所得税）を著しく減少させたわけではないので，この行為自体は問題ないと考えています。

　もう一つの論点は，「**見せ金**」ではないかという点です。「見せ金」とは，次のように出資した資金が会社に残っておらず，純資産は増加したが，その分が仮払金や貸付金などの科目で，また外部に流失してしまっていることを指します。

図表　7－1④
A社の見せ金スキーム図（一例）

対策前

（単位：百万円）

項　目	簿価	項　目	簿価
		借　入　金	200
資　産	1,000	負　債	600
		純　資　産	200
合　計	1,200	合　計	1,200

①2億円貸付　④2億円返済
②2億円増資
②2億円株式発行
③2億円借入

対策後

（単位：百万円）

項　目	簿価	項　目	簿価
		借　入　金	200
資　産	1,000	負　債	600
貸付金 （甲社長への貸付）	200	純　資　産	400
合　計	1,200	合　計	1,200

【スキームの流れ】
① 銀行は，社長甲に200百万円を貸し付ける。
② 社長甲は，借りた資金で200百万円の増資を行う。
③ 社長甲は，A社から200百万円を借りる。
④ 社長甲は，A社から借りた200百万円で，銀行からの借入金を返済する。

第7章　銀行へのアプローチの心構え

　銀行は，「コンプライアンス（法令遵守）」を大事にしますので，法的に無効や不存在となりうる危険性のある融資は当然行いません。しかし，疑似DESと見せ金は，全く違うものです。

図表　7－1⑤
疑似DESと見せ金の違い

対策前　　（単位：百万円）

項　目	簿価	項　目	簿価
		借　入　金	200
資　産	1,000	負　債	600
		純　資　産	200
合　計	1,000	合　計	1,000

疑似DES　　（単位：百万円）

項　目	簿価	項　目	簿価
資　産	1,000	負　債	600
		純　資　産	400
合　計	1,000	合　計	1,000

見せ金　　（単位：百万円）

項　目	簿価	項　目	簿価
		借　入　金	200
資　産	1,000	負　債	600
貸付金（甲社長への貸付）	200	純　資　産	400
合　計	1,200	合　計	1,200

（吹き出し）見せ金は疑似DESと違い，借方側に必ず見せ金相当額の，出資者あての貸付金（あるいは仮払金）等の勘定科目が発生する。

　両者対応後の資産（借方側）のとおり，疑似DESはあくまでも負債と資本間の異動です。これまでの論点を踏まえたうえで，この疑似DESにおける銀行融資を銀行に提示してあげるのです。
　ここで，銀行のメリットは，A社の格付け向上と社長甲，後継者乙との親密な関係構築です。そのなかで，また新規の融資や他行の肩代わりに繋がるケースが出てくるかもしれません。融資は，おそらく増資から登記終了までの単発的なものになりますが，得られる信用はそれを越えるものとなるでしょう。一方で，参謀役の皆さんのメリットは，銀行とのパイプの構築です。さらには，A社からの資産税面での顧問契約の獲得ができるかもしれません。

疑似DESは，銀行の融資実行から完済で終了というわけではなく，デメリットもあります。まず，資本金が100百万円を超えると，留保金課税，外形標準課税等の税負担が出てくる，この対応としての減資手続（無償減資）も必要です。さらに，法人住民税（均等割）の課税額が増加します。この部分のコストは，参謀役・税の専門家として，導入前にきっちりA社に説明しておく必要があります。この一連のアフター・フォローによって，皆さんの名声は高まるはずです。

　ところで，A社，甲社長と後継者乙のメリットはなんでしょう。対応後，A社は，自己資本の厚い優良先になります。そしてもう一つ（あくまでも対策の副次効果だが），相続税を試算してもらえれば，その効果を実感できるはずです。

7-5　切り口は事業承継

　A社の事例で，甲社長が40歳代の壮年なら，おそらくこの提案に乗ってこないでしょう。

　A社への金銭債権が甲社長自身の相続財産となり，それに伴い承継コストの負担が後継者乙にもかかってきます。それはそう遠くない将来，切実な問題になってくると予想できるが故に，この提案を受け入れるのでしょう。オーナー企業の社長は，必ずと言っていいほど承継の悩みを抱えています。しかし，これは，経営を円滑に承継させるという悩みだけではなく，事業資産の承継＝資産税（相続税）の対策も付帯して抱えているのです。

　事業承継には，

「人的承継」（後継者として経営のノウハウ等を先代から承継すること）

「物的承継」（後継者に企業の事業資産（主に自社株式）を承継させること）

の二つの側面があると，よく言われます。

図表 7-2
事業承継の意味

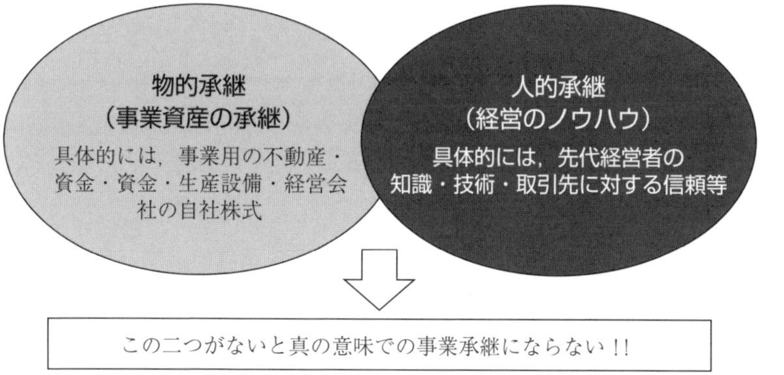

物的承継（事業資産の承継）
具体的には，事業用の不動産・資金・資金・生産設備・経営会社の自社株式

人的承継（経営のノウハウ）
具体的には，先代経営者の知識・技術・取引先に対する信頼等

この二つがないと真の意味での事業承継にならない！！

　バブル期頃までの銀行員は，このような問題を考えなくてもよかった。戦後復興時に創業した20歳代の多くの社長は，平成元年頃はまだ60歳代前後で，引退する年齢ではなったからです。景気も好調で，子供は何も言わずに承継するものと思い込んでいた人が多かったはずです。したがって，相続対策も高齢の地主に対する対策が大半でした。銀行が当時行ったこの対策も，非常に古典的（アパートを地主の敷地に建築してアパートローンを組み，相続財産の評価を減少させる程度）なものしかしてなかったと思います。いわゆる，「**資産承継**」のみでよかったのです。

　しかし，今はまったく違います。取引法人の財務内容の改善も視野に入れたスキーム提案が必要になってきました。**銀行，そして税務・法務の専門家が知恵を出して取り組む『提案型セールス』の時代に突入した**といえます。まさに，皆さんのフィールドが今，大きく広がってきているのです。皆さんがアプローチする切り口は他でもない，この「**事業承継**」であることを肝に銘じていただきたい。

第8章

何故，事業承継か？（利休の茶室）

> 第7章では，銀行へのアプローチとして，彼ら（銀行員）の良き参謀役となることと，その心構えのようなことを述べました。そして，皆さんが彼らに最もアプローチしやすい題材は，事業承継であることをお伝えしました。この章では，何故，事業承継なのかを"利休"を喩えに述べてみました。

8-1 オーナーが必ず関心を持つ，今，一番ホットで避けて通れない話題

　何故，事業承継なのか？　それは，**事業承継が彼ら（銀行）や企業オーナーの最大の関心事**だからです。今，銀行が対象としている中小企業のオーナーは70歳代前後が多くなってきました。ちょうど終戦直後に幼年期であったか昭和20年代前半に誕生した方々が，昭和30年代から昭和40年代に興業し，**今，肉体的にも精神的にも本当の意味での世代交代を迎えつつある**からです。

　『右肩上がりの時代はよかった。作れば売れるし，頑張れば儲かる。明日が今日より良い日なることが実感できた（昭和45年に4歳だった筆者は大阪万博に行き，大人は本当にすごいなあと，時代のエネルギーに触れ幼心に感動したことを覚えている）。時代に勢いがあった。

　ところが，時代は変わった。産業の構造変化から中小零細企業の大半が本業での売上を縮小しつつある。ところが，それらの企業には土地・建物などが長年の事業の中で資産として蓄積されており（路線価が高い都心の一等地に老朽化したビルを構えている中小企業は実に多い），それらの資産が仇になり中小企業の自社株式の評価は信じられないほど高額となっているケースが多い。第**7**章の「物的承継」の問題だ。

　経営の舵取りは難しく，企業オーナー，代表者として高額の報酬をとれるほど儲かってはいない。そのようななかで，後継者の子供は親の家業に将来性を見出せず，親の家業を意欲的に教わり，後を継ごうとしない。これは「**人的承継」の問題だ。**』

　かといって企業資産は相応にあり，できれば子供には自身が築き上げた財産を残したい。そう考えている企業オーナーは多く，実際そのような方々を多く目にしました。厄介なのは，儲かっていないが資産価値は高い，このような企

業です。利益はないのに，やたらと自社株式の評価は高い。非上場会社の株式評価のなかの「**特定評価会社**」※といわれるケースです。これも非上場株式の相続税評価の独特のルールですが，業績がよく従業員の多い会社（従業員が100人以上）のオーナー所有の自社株式の株価のほうが「**類似業種比準価額**」という評価方法を100％使えることから，対策をとって価格を安く後継者に承継させることができます。悲しいことですが，企業オーナーにとっても，その**後継者である子供にとっても昨今の最大の関心事とネックは，「人的承継」**より，この「**物的承継**」の問題になりつつあります。

　皆さん方のなかには，「**事業承継税制**ってものができたと聞いているよ。」と言われる方もいらっしゃるでしょう（これも本当に使い勝手がいいのか疑問だ）。中小企業庁の平成26年7月の報告では，平成20年の制度適用開始以来，平成26年3月末までの時点でわずか846件（相続税539件，贈与税307件）しか利用がありません。その後，制度の見直しがあり，より柔軟な対応が行われてはいますが，利用者が急激に拡大しているという話は聞きません。「あれがいい，これがいい。」という話は枚挙に暇がないし，めったやたらに同じような本が出る，あちこちで同じようなセミナーが開催されています（**第1章4項**を参照）。もう，うんざり！　事業承継の世界で生きてきた筆者のこれが偽らざる気持ちですが，それは多くのオーナーが抱えている気持でもあります。本当に実行性のある事業承継の対策や方途を，企業オーナーは求めています。マンネリ化していますが，でも，これはホットな話題なのです。皆さんが，専門家の立場から責任を持って語る事業承継の話に，彼らや企業オーナーは必ず食いついてくると筆者は思っています。

　　※　【**特定評価会社**】
　　　　相続税財産評価に関する基本通達でいう「特定の評価会社の株式」のことで，「比準要素数1の会社」「株式保有特定会社等」など種々の規定が設けられている。当該規定に該当すると，純資産価額の評価か純資産価額の評価割合が高くなり，株価は一般的に高くなる。

8-2 大阪城の大広間から利休の茶室へ
　　　（オーナーとの面談）

　実は，事業承継の最大の醍醐味は，**普段は会えない企業オーナーと相対で面談できるところにあります**。銀行員なら誰でも経験していますが，融資や銀行の諸々の商品セールスは，まず経理担当の役員や部長，あるいは課長や担当者を通じて行うことが多く，組織が大きくなればなるほど，社長と銀行員の間に介在する人たちが多くなります。通常，銀行の商用で社長に面談できるのは支店長に随行した時ぐらいという会社も珍しくありません。大きな会議室で両脇に専務や部長，その他の社員を従え，社長に会うのです。突っ込んだ社長の本音など聞けるはずがありません。まるで大阪城の大広間で多くの家臣が両脇に控えるなか，豊臣秀吉に拝謁するようなものです。大広間で，「太閤殿下，お世継ぎは，お拾い君（豊臣秀頼）ですか？　関白（豊臣秀次）様ですか？」などと聞けるわけがありません。

　もう一つ，経験上の実感としては，**事業承継問題に"番頭"の役員，部長などの従業員は極めて無責任，かつ，無関心だということです**。それは，オーナー家の私的な家族問題でもあるから，当然でしょう。本当に一部の例外を除き，事業承継の提案をオーナー以外の社員に行ってうまくいった試しはありませんでした。オーナーは，事業承継について相談したがっていますので，**皆さんがもし事業承継に精通しているなら，オーナーは社長室であなたと相対で向かい合って相談をしてくれるでしょう**。それはまるで「**利休の茶室**」で秀吉と話をするようなものです。銀行員時代，一課長の筆者が社長室に案内され，支店長すら満足に面談できない企業オーナーと相対で面談し，相談してくれる・・・こんな場面が多々ありました。これは，事業承継に携わった経験のある者だけが持つ喜びでもあります。利休の茶室では，後継者への悩み，役員

の悩み，普段は絶対に耳にすることができない，その会社へのオーナーの生の想いを直に聞くことができました。当然，周りの社員は，筆者が社長室に呼ばれたことを知っています。社長との面談以降，周りの社員の筆者への対応が如実に変わりました。オーナー企業とはそのようなもので，オーナーの動向に本当に敏感です。皆さん（銀行にお勤めの方もいるだろう）にも，オーナーとは「利休の茶室」で会うことを目指してもらいたいと思います。

8-3 利休になるには，"技"がいる
（税理士は測量士にならないで！）

「利休の茶室」で会うことをお話ししましたが，ただの茶室ではだめです。"利休"の茶室であることが大事なのです。すなわち，客として秀吉が相対で面談したいのは，他ならぬ"利休"なのです。秀吉は黄金の茶室を造ったような男ですから，利休がいう「わび茶」を理解していたとは思えません。秀吉が買ったのは，「利休の名声」です。それは，彼を茶頭にした織田信長や師匠として信頼する周りの多くの大名により形成されたものです。その結果，弟の秀長をして「公儀のことは私に，内々のことは宗易（利休）に。」と言わしめたのです。

"利休のわび茶"は，一朝一石にできたものではなく，武野紹鴎からの薫陶や禅による研鑽から生み出されたものです。**利休になるには，相応の"技"が必要**なのです。

では，企業オーナーが求める事業承継にとっての"技"とは何なのでしょうか？　それは，**事業承継をするための実行スキームを描く能力**といったようなものだろうと思います（第❾章を参照）。税務に詳しいというような，そんな話ではありません。以前，税理士の方に，「私は，相続税で受験合格しています。だから相続税には詳しいんです。是非，仕事をまわしてください。正確に

141

相続税を計算致します。」と言われたことがあります。**企業オーナーや資産家が悩んでいるのは,「相続する前の承継対策」であって,相続が発生した後の相続税を正確に計算してもらうことではありません。**

　その税理士の先生がやっていることは,単なる測量士です。そういう税理士は,「あなたの相続税の申告を,もう一度計算します。」という税理士と同じフィールドで戦わなければいけなくなります。皆さんは,単なる測量士にならないでほしいということなのです。

8-4 「弁当が経費で落ちるか」はもういい！

　さる税務訴訟の判例についての講演会で,筆者の後に座っている会計事務所勤務とおぼしき人たちがこんなことを言っていました。
　　職員Ａ：「この間,顧問先に税務調査が入って,食事代の半額を現金支給
　　　　　　していたのを福利厚生費じゃなくて,給与手当だと言われたよ。」
　　職員Ｂ：「それは基本だよ。現金支給しないで,弁当の購入費を一括で会
　　　　　　社から業者に支払い,従業員の負担分を給与から天引きすればよ
　　　　　　かったんだよ。でも,負担は１人当たり月3,500円だよ。でもこ
　　　　　　れ,源泉徴収でやられたんじゃない？」
　顧問企業の会計実務をやられている方々が,こんな会話ばかりに意識がいっているようでは,"利休"にはなれません。この会話は,顧問企業の経理・総務の部長や課長,担当者までは食いつく話かもしれませんが,企業オーナーにはどうでもいい話です。

　企業オーナーの関心は,会社の事業展開（販路拡大）をどうするか,人材をどうするか,会社の財務内容をどうすればいいのか,（それに派生して）効率的な資金手当てをどうするか,そして,**事業承継をどうするか,**このような会社の方向性に関する大局的なことです。弁当が経費で落ちるかではありません。

第8章 何故，事業承継か？（利休の茶室）

少なくとも，こんな話を，「利休の茶室」で聞こうとは思っていないでしょう。

8-5 事業承継は総合格闘技だ！

　これまでに，皆さんが，企業オーナー宛てに事業承継の実行スキームを提案することが必要であること，それが利休になるための"技"であることを述べてきました。ここでは，その事業承継の実行スキームを描くためのヒントをお伝えしたいと思います。それが，次の「**事業承継は総合格闘技だ！**」です。

図表　8
コンセプト

【事業承継は総合格闘技だ!!（ボクシングでもプロレスでもない！）】

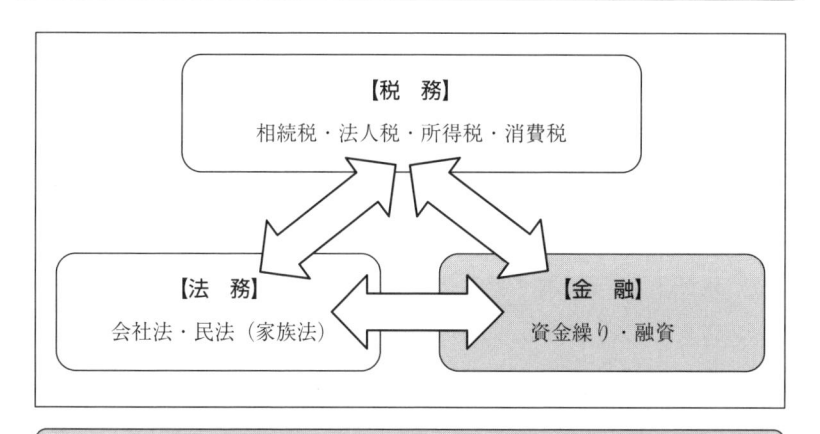

【税　務】
相続税・法人税・所得税・消費税

【法　務】
会社法・民法（家族法）

【金　融】
資金繰り・融資

事業承継には，上記の3分野が密接に関係しており，
この3分野の専門知識による総合的な検討が必要。

　事業承継は対策であり，税務申告業務ではありません。先程も述べましたように，申告を正確にできればよいというものではなく，相続財産の移動などの

経済的な行為が伴うのです。即ち、こちらがボクシングだと思っていたら、いきなり蹴りを入れられるようなものです。今度はキックボクシングだと気持ちを切り替えたら、いきなり足を取られて寝技で絞められる。要は、どんなことをやっても相手を倒すまで戦う「総合格闘技」に似ていると、筆者は思っています。しかし、多くの実務家の皆さんは、このことを本当に理解していないように思います。

　事業承継の実用書の多くは、このなかの【税務】と【法務】しか扱っておらず、肝心なところを忘れています。事業承継スキームを本当に実行するための、もう一つの要素が、実は【金融】なのです。「こうしたら、節税効果がありますよ」と本には書いてありますが、本当に実行するためには「お金が動かなくてはいけない」のです。

　お金の出し手は銀行ということになりますが、皆さん方には、そこにも踏み込んだ提案を行っていただきたいと思います。

　何故？　それは、彼ら（銀行員）に、じっくり提案型セールスを行うだけの体力がなくなっているからです（第2章を参照）。

8-6　提案型セールスのすすめ

　何故、銀行は、事業承継の踏み込んだ提案型セールスができないのか？「コンプライアンス」という、もう一つの大きな理由があります。

　事業承継スキームの提案には、税務知識が必要ですが、その部分は税務の専門家である税理士の領域だからです。銀行の提案資料には、必ず「詳細な内容については顧問税理士等の専門家にご相談ください。」との免責文言が記載されています。銀行は、提案事項についての税務面の責任を負えないのです（最終的な税務リスクは納税者本人だろう）。

　しかし、顧客の立場からしたら、どうでしょうか。提案されたことの最大の

第8章 何故,事業承継か?(利休の茶室)

リスクは税務リスクであり,その部分への,より踏み込んだ知識提供を行ってほしいと思うのではないでしょうか。企業オーナーへの提案資料作成と説明は,まさに皆さんの役割なのではないでしょうか。

第9章

まず，手始めは！ 不動産の法人化！

> ここでは，第**8**章の事業承継の提案スキームを行うために，税務，法務，金融の三つの目線から，具体的に検討してみましょう。

9-1　法人化の際の税法は？

　次の事例は，あくまでも筆者の創作事例で，現実のものとは何ら関係なく，また述べた事柄も筆者の私見です。

図表　9-1①

取引先甲氏の事案概要

項　目	内　容　等	備　考
甲氏年齢	70歳	
甲氏法定相続人	長男1人，長女1人	配偶者なし（妻女は5年前に逝去）
給与所得	14百万円	知人経営の法人から役員報酬14百万円
雑所得	2百万円	
現状不動産所得	12百万円	当該ビルの現状所得（不動産所得は当該ビルのみ）
現状甲氏所得合計	28百万円	
当該事業用ビル以外の資産	100百万円	自宅や現預金等（但し子供2人は既に持家あり）
甲氏長男状況	40歳	妻女，子供1人。事情があり現在無職。甲氏は長男の収入を心配。
甲氏承継の意向	当該ビルの長男承継	自宅，現預金は長女に承継させる（遺産分割については遺言で対応）

『銀行員のA君は，ある取引先社長からその取引先に勤務している役員甲氏を紹介された。甲氏の心配事は，妻子がいるにもかかわらず，無職である長男の行く末と，自分に万が一のことがあった場合の相続のことである。税金のことは顧問税理士に相談し，相続税がどのくらいかかるのかということまでは把握しているが，そこから先，具体的に何をすればいいのか見当がつかず，遺産相続を巡って相続人である兄弟が裁判を起こしたなどという話を聞くたびに，自分の息子と娘に限ってそんなことにはならないと思いながらも，漠然と心配をしている。甲氏の話を聞いたA君は，早速，提案内容を検討し，次のような提案を行いました。長男の出資により，賃貸ビルの管理会社（A社とする）を設立し，長男を社長にする。甲氏は賃貸ビルの管理業務をA社へ承継させて，A

社の業務を長男にさせることにより、長男はA社から役員報酬を受け取り、仕事と収入を確保する。対象となる賃貸ビルの内容は、次のとおり。』

図表 9-1②
甲氏所有事業用ビル（内訳）

項　　目	内容等	備　　考
土地面積	800.00㎡	土地は先祖代々からの取得
当該ビル賃料収入（年間）	20百万円	現状、満室
当該ビル建物時価	60百万円	耐用年数50年内20年経過、鑑定の結果、帳簿価額と同額
当該ビル土地時価	300百万円	375千円/㎡×800㎡
当該ビル建物固定資産税評価額	25百万円	耐用年数50年内、20年経過
当該ビル土地固定資産税評価額	210百万円	時価の7掛けと仮定
当該ビル路線価	240百万円	300千円/㎡×800㎡
貸付事業用宅地の特例適用	200.00㎡	
借地権割合	0.7	
貸家権割合	0.3	
当該ビル現状減価償却率	0.020	耐用年数50年の定額法
当該ビル売却後減価償却率	0.028	耐用年数36年の定額法
固定資産税・都市計画税	1.7%	固定資産税評価額に当該税率にて算出
賃貸ビルその他費用料率	賃料収入の10%	修繕費・火災保険料等を当該費用に含む

　第一に、税務面から検討するのは、**個人から法人への不動産の移動**（これを「**不動産の法人化**」という）の際に、**土地が移せるか**です。土地は、先祖代々から承継したものであり、取得価格はわかりません。この場合には、みなし取得費（売買価格の5％）を使って譲渡益課税がどの程度発生するかどうかを確認する必要があります。もし、土地を移すなら、時価が300百万円であることから57百万円（300百万円×95％※×20％※＝57百万円）程度の譲渡益課税が甲氏にかかることになります。幸い、建物は簿価＝時価で60百万円と出ているので、これを売却しても甲氏に譲渡益課税はありません。そこで、**建物のみを移すというのが、税務上のまず手始めの判断です。**

　　※　取得費が5％なので譲渡益は95％（100％－5％＝95％）、譲渡益課税は20％だが、所得税には更に復興特別所得税が2.1％課税される。ここでは、計算の複雑化を避

けるため，復興特別所得税は考慮していない。

次に，流通税と消費税です。この物件の賃料収入は，事業性，かつ年額10百万円を超えていることから，両者とも課税事業者となります（今回は消費税の資金繰りは見ないこととする）。建物のみの異動なので，登録免許税と不動産取得税の金額は総額で1.5百万円程度になります（見落としがちだが，流通税と消費税は動く物件の価額が大きいと結構な金額になるので，注意が必要だ）。

第二の点は，建物のみを法人化すると，法人が甲氏個人の土地の上に建物を所有することになりますから，地上権が発生します。**税法では，税務上の借地権が発生**しますので，**これをどうするか**ということです。

税務上の借地権の発生を避ける対策は二つあり，①相当の地代をA社が甲氏に払うこと（**相当の地代はその土地の時価の6％**）と，②「土地の無償返還に関する届出書」を税務署に提出することです。甲氏の所有物件の相続時の評価減と賃貸収入からの上がりを極力法人にいくら残すかで，考え方が変わってきます。以下の図をご覧ください。

図表　9-1③
甲氏所有事業用ビルの法人化について（スキームと使途調達内訳）

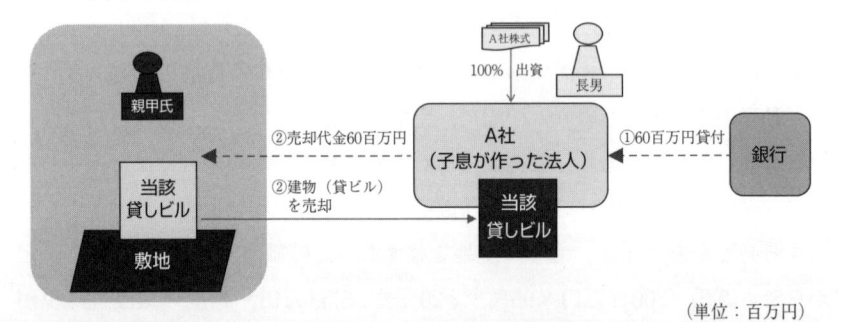

（単位：百万円）

使途	金額	備考	調達	金額	備考
建　物	60.0	簿価＝時価で算出	借入金	60.0	金利2％，変動返済20年，ただし，12年目で一括償還予定
登録免許税不動産取得税	1.5	固定資産税評価額×6％	自己資金	2.0	
その他の費用	0.5	法人設立と司法書士報酬			
合　計	62.0		合　計	62.0	

第9章　まず，手始めは！　不動産の法人化！

　このスキームを基本路線として，建物のみを法人に譲渡することにしましょう。この際に，法人の資金負担を極力なくすため「土地の無償返還に関する届出書」を提出し，A社が甲氏へ支払う地代を土地の固定資産税等の支払額程度にとどめます。この場合の相続税評価額は，次のとおりになり，8百万円（192百万円－184百万円＝8百万円）の評価差額が出ます。

図表　9－1④
甲氏所有事業用ビルの法人化について（甲氏の相続税評価の変化）

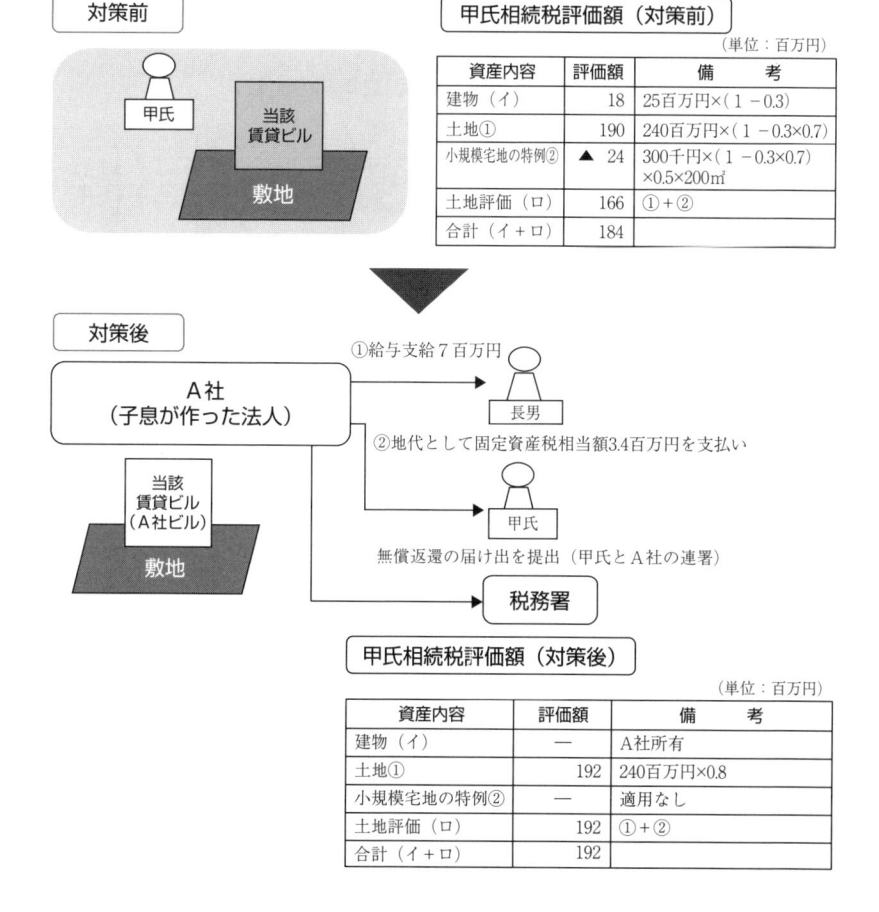

対策前

甲氏相続税評価額（対策前）

（単位：百万円）

資産内容	評価額	備考
建物（イ）	18	25百万円×（1－0.3）
土地①	190	240百万円×（1－0.3×0.7）
小規模宅地の特例②	▲24	300千円×（1－0.3×0.7）×0.5×200㎡
土地評価（ロ）	166	①＋②
合計（イ＋ロ）	184	

対策後

A社（子息が作った法人）

①給与支給7百万円 → 長男

②地代として固定資産税相当額3.4百万円を支払い → 甲氏

無償返還の届け出を提出（甲氏とA社の連署） → 税務署

当該賃貸ビル（A社ビル）／敷地

甲氏相続税評価額（対策後）

（単位：百万円）

資産内容	評価額	備考
建物（イ）	－	A社所有
土地①	192	240百万円×0.8
小規模宅地の特例②	－	適用なし
土地評価（ロ）	192	①＋②
合計（イ＋ロ）	192	

151

第三の判断は，建物の売却代金が妥当かどうかということです。固定資産税評価額は25百万円で，簿価＝時価で60百万円の価格設定であることから，少し価格差が気になります。「適正な時価とは？」という問題があり，高額譲渡ですと適正な時価と売買価格の差額が甲氏に対する一時所得になります。ここは**鑑定評価をとることをお勧めします**。

　第四の判断は，**不動産の法人化後の効果をキャッシュ・フローの面と相続税から比較検証する**ことです。次のように，借入を完済するまでの一連のキャッシュ・フローを，対策をした場合としなかった場合とで比較します。

図表　9－1⑤

本件対策の比較表（対策12年間の比較）

（単位：百万円）

キャッシュフロー	対策前 金額	対策後 金額	差額
親甲手元現金（所得からの捻出分12年間）	167	68	▲99
親甲（譲渡代金）	0	60	60
子乙手元現預金	0	71	71
法人A社	0	2	2
キャッシュフロー合計	167	201	33

相続税額	対策前 金額	対策後 金額	差額
従来からの資産	100	100	0
売却に伴う現預金増加分（譲渡代金）	0	60	60
手元現預金の12年間増加分（除く譲渡代金）	167	68	▲99
建物評価	18	0	▲18
土地評価	166	192	26
課税価格合計額	451	420	▲31
基礎控除額	42	42	0
課税遺産総額	409	378	▲31
一人当たり相続税財産額	204	189	▲15
一人当たり相続税額	65	59	▲6
相続税の総額	130	117	▲13

法人個人のキャッシュは33百万円の増加となる相続税の納付額は13百万円の減額となり，

　これによると，相続税では，A社が所有することで建物の評価はなくなりますが，土地については「土地の無償返還に関する届出書」を提出し，固定資産税相当額の地代しか払っていないので，対策後は更地評価の8掛けとなります※。その他諸々のものを勘案すると，甲氏死亡後の相続税は対策前に比して

13百万円の減額となります。キャッシュ・フロー（現預金）面は，甲氏長男にキャッシュが付け変わることや，法人と個人の税率差等も奏功し，対策前に比して33百万円の増加となります。

> ※ 「土地の無償返還に関する届出書」を提出後は，当該貸ビルの土地の評価は2割減となり，2割相当分の評価額は，A社株式の純資産価額に反映されることになる。A社株主が甲氏の長男であることから，甲氏の相続対策には有効である。更に，固定資産税の2〜3倍の地代を支払い，小規模宅地の特例を使うことも考えられる。しかし，更に倍の地代である6百万円相当の地代を甲氏に払うことは，長男に資金を付けて行きたいという甲氏の意向に合っていないため，今回はこの対策をとらないことにした。

金額の多寡に価値観の違いはありますが，甲氏の長男に不動産事業とそれによる収入を付けてあげるという目的は達成していると筆者は考えます。この比較表を示してあげることによって，甲氏が対策の決断ができるようにしてあげる必要があります。

9-2 法人化の際の法務は？

まず，**第一**に考えるのは，**設立するA社の会社形態**です。考えられる法人形態は，株式会社と合同会社でしょう。合名会社や合資会社でもいいですが，甲氏長男は40歳なので，今後，**賃貸業以外の事業展開を行うことを想定し，株式会社にしておくのが無難であろう**※。

> ※ 合同会社のほうが株式会社に比べ，設立に伴う諸経費が安く抑えられます。しかし，長男甲（40歳とまだ働き盛り）が対外的に新規事業を設立法人で行うことを考え今回は，あえて株式会社としました。

第二に考えるのは，不動産の譲渡に伴う**売買契約書の作成・締結**と，土地の**賃貸借契約証書の作成**です。今回は土地の固定資産税等の金額を地代とするのですから，その部分の法的整備は完備しておく必要があります。

さらに融資に関係しては，通常，甲氏の長男が「**連帯保証人**」となることを

要求されますが，このケースですと，甲氏は「**物上保証人**」（3項を参照）となる可能性が出てきます。

9-3　法人化の際の金融は？

さて，金融面です。
① **不動産の行内鑑定をとってもらう**（必要な銀行に限る）。
彼ら（銀行）は，自分たちのルールにもとづき，担保となる物件の価値を決めています。この行内評価をすぐに行ってもらうよう依頼しましょう。
② 次に，**徴求する担保は？**
建物のみの取得は，基本的に通りません。担保設定は，甲氏所有の土地と合わせて**共同担保設定**になるでしょう。「土地の無償返還に関する届出書」を出し（法的にはこんなものが通るとは思えない），いつでも建物を取り崩し，更地にして甲氏に返還することを税務署に届けているのです。時価の問題と合わせ60百万円の借入の対価としては，建物だけでは厳しいはずです。さらに，甲氏と別の独立した法人とはいえ，A社は甲氏長男の経営法人という同一グループの取引先であるとの見解からも，甲氏の土地にも担保設定となるはずです。
そうすると，建物（時価60百万円）と土地（時価300百万円）の合計360百万円を市価変動を見て8掛けし，さらに賃貸物件の難易度を8掛けで見たとしても230.4百万円の担保評価となります。本件の評価額は，間違いなくフルカバーとなるはずです。本件が単発の融資にとどまる可能性が高いため，この時の**抵当権は根抵当にはせず，通常の一般抵当になります**（第**6**章を参照）。
ところで，この場合の甲氏の立場である「**物上保証人**」とは，簡単には，担保を提供した不動産所有者のことです。甲氏は，融資60百万円を返済する義務はありませんが，A社が貸し倒れた場合には，貸倒れ債権弁済のため抵当権実行（競売）による不動産処分を受け入れるか，それを避けるため甲氏自らが貸

第9章　まず，手始めは！　不動産の法人化！

倒債権相当額の金銭を用意して弁済しなければなりません。

③　次に，収益償還の検証である。

次の図表は，自然体の収支計画表（第❻章を参照）です。

図表　9－1⑥
本件対策の資金繰り，収支計画表（自然体ベース）

【対策を採った場合】　　　　　　　　　　　　　　　　　　　　（単位：百万円）

(法人A社の収支)	1年目	2年目	3年目	4年目	5年目	6年目	7年目	8年目	9年目	10年目	11年目	12年目	合計
賃料収入	20	20	20	20	20	20	20	20	20	20	20	20	240
給与手当	7	7	7	7	7	7	7	7	7	7	7	7	84
減価償却費	2	2	2	2	2	2	2	2	2	2	2	2	20
租税公課	0	0	0	0	0	0	0	0	0	0	0	0	5
地代支払	3	3	3	3	3	3	3	3	3	3	3	3	41
修繕費等の維持費	2	2	2	2	2	2	2	2	2	2	2	2	24
支払利息	1	1	1	1	1	1	1	1	1	1	1	1	10
物件取得費	2	0	0	0	0	0	0	0	0	0	0	0	2
支出合計	17	16	16	16	15	15	15	15	15	15	15	15	186
税引前当期純利益	3	4	4	4	5	5	5	5	5	5	5	5	54
法人税等	0	1	1	1	1	1	1	1	1	1	1	1	12
当期純利益	3	3	3	3	3	4	4	4	4	4	4	4	
返済原資	4	5	5	5	5	5	5	5	5	5	5	5	62
返済額	3	3	3	3	3	3	3	3	3	3	3	27	60
余剰資金	1	2	2	2	2	2	2	2	2	2	2	▲22	2
余剰資金累計	1	4	6	8	10	12	14	17	19	21	24	2	
借入残高	57	54	51	48	45	42	39	36	33	30	27	0	
(甲氏と子息の収支)												(単位：百万円)	
子息乙の本件給与所得	7	7	7	7	7	7	7	7	7	7	7	7	84
子息乙の所得税・住民税	1	1	1	1	1	1	1	1	1	1	1	1	13
子息乙の手元給与資金	6	6	6	6	6	6	6	6	6	6	6	6	71
親甲の給与所得	14	14	14	14	14	14	14	14	14	14	14	14	168
親甲の雑所得	2	2	2	2	2	2	2	2	2	2	2	2	24
親甲の個人所得累計	16	16	16	16	16	16	16	16	16	16	16	16	192
親甲の所得税・住民税	5	5	5	5	5	5	5	5	5	5	5	5	64
親甲の生活費	5	5	5	5	5	5	5	5	5	5	5	5	60
親甲・個人手元現預金	6	6	6	6	6	6	6	6	6	6	6	6	68
親子合算手元現預金	12	12	12	12	12	12	12	12	12	12	12	12	139
親子個人手元現預金累計	12	23	35	46	58	69	81	92	104	116	127	139	
法人・個人手元資金合計	13	27	40	54	68	81	95	109	123	137	151	141	

（キャッシュ・フローが蓄積される12年目に完済）

　既に紹介したキャッシュ・フローと対策をとらない場合の比較は，この表をベースにしています。当然ですが，この比較は，対策をとらない場合の収支計算との比較で算出されるものですから，対策をとらない場合の収支計画表も作

155

成する必要があります。それが、次の収支計画表（図表9−1⑦）です。

図表　9−1⑦
本件対策を採らなかった場合の資金繰り，収支計画表

【対策を採らなかった場合】　　　　　　　　　　　　　　　　　　　　　（単位：百万円）

（甲氏の不動産所得内訳）	1年目	2年目	3年目	4年目	5年目	6年目	7年目	8年目	9年目	10年目	11年目	12年目	合計
賃料収入	20	20	20	20	20	20	20	20	20	20	20	20	240
													0
減価償却費	2	2	2	2	2	2	2	2	2	2	2	2	24
租税公課	4	4	4	4	4	4	4	4	4	4	4	4	46
地代支払	0	0	0	0	0	0	0	0	0	0	0	0	0
修繕費等の維持費	2	2	2	2	2	2	2	2	2	2	2	2	24
支払利息	0	0	0	0	0	0	0	0	0	0	0	0	0
物件取得費	0	0	0	0	0	0	0	0	0	0	0	0	0
支出合計	8	8	8	8	8	8	8	8	8	8	8	8	94
税引前当期純利益	12	12	12	12	12	12	12	12	12	12	12	12	146
申告控除	0	0	0	0	0	0	0	0	0	0	0	0	1
不動産所得	12	12	12	12	12	12	12	12	12	12	12	12	145
余剰資金	14	14	14	14	14	14	14	14	14	14	14	14	170
余剰資金累計	14	28	43	57	71	85	99	113	128	142	156	170	
（甲氏と子息の収支表）											（単位：百万円）		
親甲の本件不動産所得	12	12	12	12	12	12	12	12	12	12	12	12	145
親甲の給与所得	14	14	14	14	14	14	14	14	14	14	14	14	168
親甲の雑所得	2	2	2	2	2	2	2	2	2	2	2	2	24
親甲の個人所得累計	28	28	28	28	28	28	28	28	28	28	28	28	337
親甲の所得税・住民税	11	11	11	11	11	11	11	11	11	11	11	11	135
親甲の生活費	5	5	5	5	5	5	5	5	5	5	5	5	60
親甲の個人手元現預金	14	14	14	14	14	14	14	14	14	14	14	14	167
親甲の個人手元現預金累計	14	28	42	56	70	84	98	111	125	139	153	167	

④　何か忘れていないか？

　もう、お気づきですか。そう、先の自然体の収支計画表（図表9−1⑥）は、ストレスがかかっていません（第❻章を参照）。そこで、**皆さんは、敢えてストレスを掛けた収支計画表を作成しましょう**。それが、次の収支計画表（図表9−1⑧）です。これは、審査担当の審査をし易くする一助となるはずです。

第9章 まず，手始めは！ 不動産の法人化！

図表 9-1⑧
本件対策にストレスを掛けた場合の資金繰り，収支計画表

(単位：百万円)

	1年目	2年目	3年目	4年目	5年目	6年目	7年目	8年目	9年目	10年目	合計
賃料収入	17	17	17	17	17	17	17	17	17	17	166
給与手当	7	7	7	7	7	7	7	7	7	7	70
減価償却費	2	2	2	2	2	2	2	2	2	2	17
租税公課	0	0	0	0	0	0	0	0	0	0	4
地代支払	3	3	3	3	3	3	3	3	3	3	34
修繕費等の維持費	2	2	2	2	2	2	2	2	2	2	17
支払利息	2	2	2	2	2	2	2	2	1	1	19
物件取得費	2	0	0	0	0	0	0	0	0	0	2
支出合計	18	16	16	16	16	16	16	16	16	15	162
税引前当期純利益	▲1	0	0	0	1	1	1	1	1	1	4
法人税等	0	0	0	0	0	0	0	0	0	0	1
当期純利益	▲1	▲0	0	0	0	0	1	1	1	1	3
返済原資	0	2	2	2	2	2	2	2	3	3	20
返済額	3	3	3	3	3	3	3	3	3	3	30
余剰資金	▲3	▲1	▲1	▲1	▲1	▲1	▲1	▲1	▲0	▲1	▲10
余剰資金累計	▲3	▲4	▲5	▲6	▲7	▲8	▲9	▲9	▲10	▲10	▲10
借入残高	57	54	51	48	45	42	39	36	33	30	27

① 賃料収入は20百万円に10/12を乗じて算出
② 借入金の支払金利は年利4％で算出

(単位：百万円)

	1年目	2年目	3年目	4年目	5年目	6年目	7年目	8年目	9年目	10年目	合計
本件給与所得	7	7	7	7	7	7	7	7	7	7	70
子息所得税・住民税	1	1	1	1	1	1	1	1	1	1	11
子息手元給与資金	6	6	6	6	6	6	6	6	6	6	59
親甲の給与所得	14	14	14	14	14	14	14	14	14	14	140
親甲の雑所得	2	2	2	2	2	2	2	2	2	2	20
親甲の個人所得累計	16	16	16	16	16	16	16	16	16	16	219
親甲の所得税・住民税	5	5	5	5	5	5	5	5	5	5	53
親甲の生活費	5	5	5	5	5	5	5	5	5	5	50
親甲の個人手元現預金	6	6	6	6	6	6	6	6	6	6	57
親子合算手元現預金	12	12	12	12	12	12	12	12	12	12	116
個人手元現預金累計	12	23	35	46	58	69	81	92	104	116	116
法人・個人手元資金合計	9	19	29	40	51	61	72	83	94	105	105

　甲氏が既に運用している賃貸ビルであることを勘案すると，既に実績が蓄積されている（築20年経過）ので，ひょっとしたら，この収支計画表は，ここまでのストレスは必要ないかもしれません。そこで，次のようにやや緩めのバージョンのみ作成してみましょう。

図表　9-1⑨

本件対策にストレスを掛けた場合の資金繰り，収支計画表

(単位：百万円)

	1年目	2年目	3年目	4年目	5年目	6年目	7年目	8年目	9年目	10年目	合計
賃料収入	17	17	17	17	17	17	17	17	17	17	166
給与手当	6	6	6	6	6	6	6	6	6	6	60
減価償却費	2	2	2	2	2	2	2	2	2	2	17
租税公課	0	0	0	0	0	0	0	0	0	0	4
地代支払	3	3	3	3	3	3	3	3	3	3	34
修繕費等の維持費	2	2	2	2	2	2	2	2	2	2	18
支払利息	1	1	1	1	1	2	2	2	1	1	13
物件取得費	2	0	0	0	0	0	0	0	0	0	2
支出合計	16	14	14	14	14	15	15	15	15	15	148
税引前当期純利益	1	2	2	2	2	1	2	2	2	2	18
法人税等	0	0	0	0	1	0	0	0	0	0	4
当期純利益	0	2	2	2	2	1	1	1	1	2	14
返済原資	2	3	3	3	4	3	3	3	3	3	31
返済額	3	3	3	3	3	3	3	3	3	3	30
余剰資金	▲1	0	0	0	1	▲0	▲0	0	0	0	1
余剰資金累計	▲1	▲0	▲0	0	1	1	1	1	1	1	1
借入残高	57	54	51	48	45	42	39	36	33	30	27

(単位：百万円)

	1年目	2年目	3年目	4年目	5年目	6年目	7年目	8年目	9年目	10年目	合計
本件給与所得	6	6	6	6	6	6	6	6	6	6	60
子息所得税・住民税	1	1	1	1	1	1	1	1	1	1	9
子息手元給与資金	5	5	5	5	5	5	5	5	5	5	51
親甲の給与所得	14	14	14	14	14	14	14	14	14	14	140
親甲の雑所得	2	2	2	2	2	2	2	2	2	2	20
親甲の個人所得累計	16	16	16	16	16	16	16	16	16	16	211
親甲の所得税・住民税	5	5	5	5	5	5	5	5	5	5	53
親甲の生活費	5	5	5	5	5	5	5	5	5	5	50
親個人手元現預金	6	6	6	6	6	6	6	6	6	6	57
親子合算手元現預金	11	11	11	11	11	11	11	11	11	11	108
個人手元現預金累計	11	22	32	43	54	65	76	86	97	108	108
法人・個人手元資金合計	10	21	32	44	55	66	76	87	98	109	109

①賃料収入は20百万円に10/12を乗じて算出
②借入金の支払金利は5年目まで年利2％で6年目以降は年利4％で算出
③長男宛て給与を6百万円と1百万円減額

　賃料収入のところには，第❻章で述べた程度のストレスを掛けていますが，後半6年目からは金利にストレスを掛けています。現状の低金利基調が続いている最低水準から長期（6年目）以降は上昇局面に転ずることを想定し，4％の負荷にしたのです。

　この想定は，考えたくないがあり得ると思われます。ただし，この場合の自然体収支計画の表（図表9－1⑥）では，長男が年間7百万円の報酬をとって

いましたが，ここでは状況悪化（20百万円の年間賃料収入が17百万円弱，金利２％から４％へ上昇）を鑑みて，報酬を年間６百万円に１百万円減額しています。

⑤ 次に，融資の細部を決める。

　まず大事なのは**借入期間**ですが，ベースは残存耐用年数で最長まで取って約定返済を決めます。具体的には，次のとおりです。

　　イ　残存耐用年数≦20年・・・残存耐用年数を借入期間にする
　　ロ　残存耐用年数≧20年・・・20年を借入期間にする

　そこで，収益償還ができるかをチェックしてみましょう。今回は残存耐用年数が30年（50年－経過年数20年＝30年）なので，ロの20年で収支計画表を作成しています。無事に，収益償還は可能です。20年で償還できない場合は，ここで初めて20年超かつ残存耐用年数以内の借入期間を検討することになりますが，その場合でも30年が検討期間の最長です。

　続いて，**連帯保証人**です。この事例では，実質甲氏長男の法人であることから，長男に連帯保証人になってもらいます。連帯保証は，この融資60百万円しか借りていないので，60百万円の特定債務保証になるだろう（以前は包括という保証もあった）。

　そして，**融資形態**です（第**4**章を参照）。長期の約定返済付ですから，やはり証書貸付ということになるでしょうか。自然体の収支計画表では，12年目で借入の残額を一括返済しています。これは，変動や連動金利の融資は，何時でも内入れ完済ができるからです。固定金利にしているとこうはいきません（第**4**章を参照）。筆者は，金利上昇リスクを排除することも大事ですが，プロパーの長期収益ものは約定返済の据え置きや，中途返済を想定し柔軟対応ができるよう金利は変動・連動金利とすべきだと考えています。

　この他にも借入を甲氏からする場合や，現物出資とする場合などさまざまな手法があります。それらについては，紙幅の都合上，またの機会に譲ります。

9-4 今再び，提案型セールスのすすめ！

　さて，ここまでざっと，**税務・法務・金融**の3方面から不動産の法人化に対する着眼点等を述べてきました。これまでの着眼点を踏まえて，紹介したペーパーを作成するのは，他でもない皆さんです。

　「いや〜無理，無理。税務は請け負ったけど，後は，あなたたち銀行と司法書士とでもやってよ。」これでは，いつまでたっても提案型セールスはできません。

　「ちょっと待って，本当は申込み先が作るものでしょう？」という意見もあります。本当はそうです。しかし，申込み先は，それを望んでいる先ばかりではありません。なかには，ニーズ発掘先もありますから，「こんなものを作ったら」などとは，とても言えません。提案先と先程の収支表の打ち合わせをし，ヒアリングや意見を求めることは必要ですが，依頼者はあくまでも提案を受ける側です。

　誰が作るのか？　銀行が作れないことは，もう再三申し上げました。

　そうです。他でもない読者の皆さんが作るしかないのです。この表は，皆さんが作るのです。

　紙幅の都合で，ペーパーの作り方や相手に届けたいテクニックは，またの機会にします。生意気を言って申しわけありませんが，ここでは，皆さんの意識の変革を望みます！

第10章

最後に重要な税理士としての判断

第❾章まで，不動産の法人化を題材にした具体的な事例を，税務・法務・金融の観点から検討しました。終盤はつい力が入り，熱くなって偉そうになってしまったことをお許しいただきたい。ここでは，皆さんが提案書を作成したとして，話しを進めます。

10-1 リスクをとれない銀行員

　皆さんが作成した提案書はどのような位置づけかというと，皆さんの責任（銀行が関知しない）にもとづき顧客に提示された提案書ということになります。銀行は顧客の了解のもと同席し，見せてもらったということです。
　「ええっ。銀行は逃げるのか？」そうではありません。**銀行はリスクをとらない。**いや，**リスクをとれないのです**（第❽章6項を参照）。リスクとは，何でしょう。
　ここでのリスクの最大のものは，**税務リスク**でしょう。第❾章の事例を使って少し具体的にいうと，対策前に比して，相続税のコスト減が13百万円になり，キャッシュの増加が33百万円になっています（図表9－1⑤（152ページ）を参照）。それは，所与の条件が変わっていないことが前提（つまり，**税制が現行のまま，この計画期間（12年間）変わらないこと**）です。たとえば，「同族で100％出資している資産管理会社（不動産賃貸業）の法人税率が所得税並みの税率になる」とか，あるいは「"土地の無償返還に関する届出書"の制度がなくなり，税務上の借地権を発生させない制度が「相当の地代」のみになった」としたら（現段階では，かなり可能性が低いが），一機にキャッシュのメリットはなくなってしまいます。
　税制改正でメリットがなくなるそのような経験は，皆さんも嫌というほどしたのではないでしょうか。よく，都心のテナントビルの最上階にビルオーナーが居住している物件が散見されます。以前は，財産評価の小規模宅地等の特例が今と違って緩かったので，ビルのワンフロアーでもオーナーが居住していれば，一定平米数までは相続時の全敷地の財産評価が80％減となりました。それが税制改正により，平成22年4月1日以降発生した相続から，この適用が厳しくなりました。たとえば，四角柱型の10階建ての貸事務所兼居住用テナントビルの

土地建物（敷地100㎡，10階にのみ居住）を持っているオーナーがいたとすると，このオーナーが亡くなった時の小規模宅地等の特例のうち，80％評価減が使えるのは敷地面積の10分の1である10㎡（残り90㎡は50％減）となってしまいました。最上階にビルオーナーが居住しているケースのなかには，その対策の名残のものもあるかもしれません。

　このように，税制はコロコロ変わります。また，ある一族とその同族会社との取引で「法人税などの負担を不当に減少させるような結果になる」場合には，税務署長はその法人の行った取引や計算にかかわらず，適正な取引が行われたものとして法人税などの課税所得や法人税額などを計算することができるとされています（法人税法132条。これを「**同族会社の行為計算の否認**」という）。要約すれば，**税務リスクには，①税法改正のリスク，②対応スキームが課税庁により否認されるリスク，という2種類のリスク**があります。

　もう一つは，「**業法のリスク**」です。銀行が，取引先に対して「相続税で悩んでいませんか。私どもで税金がやすくなる対策をとりますよ。」とか「この対策を行えば，お宅の相続税は〇〇百万円も安くなりますよ。」などと節税を主目的としたスキーム提案を行うことは，銀行業法との兼ね合いからも問題が生じやすく，特にリアルな節税スキームの企画書を取引先に提示することは，"金融"という本来の銀行の本分からも外れています。銀行もこの点は当然わきまえていますが，「取引先のために何とかしてあげたいが，リスクをとるわけにはいかない・・・。」と悩んでいるのです。「**税のことはまず，税の専門家**」**が納税者の立場に立ち対応する**。当たり前のことでが，この本分は，皆さんの領域なのです。

10-2　リスクをとりたくない納税者

　納税者というか取引先は，税金を払わなければそれに越したことはない，と誰しもが思っているはずです。かといって，税務リスクについては，神経質にならざるを得ない。税務調査を受け，調査官とやりとりの経験がある人なら，なおさらだろう（できれば来てほしくない，会いたくない方々だ）。

　よく聞く「**マル査**」とは，国税局の査察部や査察官の通称だが，国税局が行う査察調査のことも指してもいます。この「マル査」は，裁判所の捜査令状を有する脱税案件等の強制調査ですが，脱税をしていなくても，「**リョウチョウ**」と呼ばれる調査が入るケースもあります。マル査と同じくらい過激（筆者も経験したことがある）で，はじめ「マル査」と勘違いしたぐらいでした。「リョウチョウ」は，各国税局に配置された「資料調査課」による調査で，あくまでも任意調査です。「あんなのが来るのだから，税務調査の指摘はやはり怖い。かといって，高額の納税は何とも・・・。」これが納税者の偽らざる気持ちでしょう。

　収得税といわれる所得税や法人税には，それ相応の所得があるのですから，納税は一応可能です。租税法でいう「**担税力**」というものです。ただ，相続税はどうでしょう。現預金を相続するならまだしも，承継する自社株式や不動産に「担税力」があるといわれても，そうすぐに換金できるものではありません。これらの資産については，換金性の難易度と生活資産や事業資産という特殊性を考慮し，ある程度の評価緩和制度が種々設けられていますが，十分ではありません。特に，非上場の自社株式の問題は深刻で，換金性なんて実のところ皆無でしょう。

　「まいったなあ。何とかしてほしいよ。」という納税者の気持ちはよくわかりますし，だからこそ相続税対策が持て囃され，叫ばれるのでしょう。なかには，

第10章　最後に重要な税理士としての判断

「銀行さんが提案してくれるから，税務リスクのない提案だ。」とか「今回の承継対策は銀行さんの紹介してくれた税理士さんや会計士さんだから，税務署から指摘されても，いざとなったら銀行が補償してくれるさ。」などと思っている取引先も出てくるのではないでしょうか。それは，幻想以外の何物でもなく，皆さんにお願いしたいのは，①「税務リスクの絶対ない承継対策なんてありえない。」ことと，②「そのリスクを最終的に採るのは納税者である。」ことを取引先にはっきりと伝えることです。そのなかで，税の専門家はどうあるべきなのでしょうか。

10-3　逃げない税務の専門家としての矜持　（ドラマ「銀行審査と税理士」）

銀行は，リスクをとらない。
納税者は，リスクをとりたがらない。
皆さんの立ち位置は，どうあるべきか。
また，第❾章の事例を用いながら，具体的に説明しましょう。

① 皆さんが，第❾章で作成した提案書を取引先の甲氏に提出し，説明をする。このなかで甲氏の反応がとてもよかったとする。甲氏から「この提案を進めてほしい。については○○銀行さん，融資を60百万円頼むよ。」という話になった。
② ○○銀行の▲▲支店の担当者丙は，稟議を書くことになる。提案型セールスを身に付けた皆さんは，融資の"ツボ"を心得ている。皆さんが作成したストレスのかかった収支計画表が威力を発揮して，甲氏の了解のもと，皆さんの収支計画書を入手した担当者・丙は，サクサクと稟議書を作成することだろう。

③　上席の課長丁，そして支店長戊まで稟議がスムーズに通る。稟議がここまでで実行となる店内決裁（あるいは支店長決裁）であれば，これでハッピーエンドとなる。

④　しかし，なかには本部決裁（本部稟議）となる案件もある。次に来るのは，本部にある審査部の稟議審査である。審査担当者や審査役（通常は支店長格）から課長丁に連絡が入る。「融資案件として返済が可能なのはわかったが，この案件の最大の目的は，長男乙の生計のために行うということだ。このスキームは，甲氏から長男乙に法人Aを介して貸ビル事業をシフトさせ，副次的にキャッシュ・フローを増加させている。同族内でわざわざ法人Aを設立したこのスキームを行うことの税務リスクは誰がとるんだね。」との問い合わせである。さらに畳み掛けるように，「まさか，支店サイドで税務リスクは大丈夫です，なんて，お客に**コミット**（"commitment"の略で，ここでは「約束」の意味）してないよね！」と脅しの言動まで浴びせられる。思い出してほしい。彼ら（銀行員）は臆病だ。そしてリスクをとれない生きものなのだ（第**2**章2項を参照）。

　　さらに法務面からは，「冷静に考えてみろよ。第三者に建物を売却する時は借地権を売買するだろう。そう考えれば融資の実行額は建物の60百万円だけじゃなく借地権210百万円（時価300百万円×借地権割合0.7＝210百万円）を合計した270百万円になってしまうぞ。そんな金額は出せないぞ！」こんな指摘があるかもしれない。ここまできたら，担当者丙は，既に戦線を離脱している。第二陣の課長丁か場合によっては本陣の支店長戊が，審査部との戦闘に入っているはずだ。課長丁は，最後の質問に対して，皆さんから聞いた「土地の無償返還に関する届出書制度」を説明して審査部に理解させ，この攻撃をかわす。しかし，審査部からは「そんな税務と法務がかけ離れたような案件をやるのか？」などと嫌味を言われ，論点はさまざまな方向に飛んでいくこととなる。

⑤　結果として，支店と審査部とのやり取りの中で税務リスクのみに論点が収斂され，審査部＝本部から支店サイドに対し，「税務リスクは納税者が了解

第10章　最後に重要な税理士としての判断

していることを確認した面談記録書を提出しろ。それがないとこの案件の稟議は承認できない。」との指示が出される。しばらくして担当者丙から，「先生助けて・・・。甲さんと面談するけど，銀行だけでは面談に行けないからお願い！付いて来て！」との泣きの電話が入る。

　ここで，読者の皆さんの登場だ。

⑥　皆さんは，銀行の担当者丙と課長丁が同席するなか，取引先の甲氏と長男乙に向かってこう言う。

　「税法面からは，税制改正に伴うリスクがあります。今回のスキームにおける税制改正リスクは，同族の資産管理会社の法人税の税率引上げや役員報酬の際の給与控除，あるいは「土地の無償返還に関する届出書制度」の見直しなどが考えられます。ただ，今，それが喫緊の課題として議論されているという話は聞いていませんが，今後，改正があるかどうかは正直言って全くわかりません。しかし，ご高齢で収益不動産の管理が負担になってきている。甲様がご子息乙様の事業立ち上げのため，乙様が設立したA社に貸ビルを譲渡したことは，乙様の生計確保と事業承継という筋の通った目的にもとづく行為であり，何ら問題はないと私は思っています。むしろ，税務署が見てくるのは，貸ビルの譲渡価格が適正であったかどうかです。これについては，鑑定評価にもとづく価格であり，その点も問題はないと思っています。**今回のスキームが，税務リスクの低いスキームであることは断言できますが，リスクが絶対にないということはいえません。そもそも税務リスクが全くないスキームなどないと思います。その点，誰もそれを補償はできないはずです。申し訳ありませんが，これ以上どんなリスクがあるか？　私も予測はできませんが，しかし，それを負うのは甲様と乙様であるということはご理解ください。ただ，このスキームに携わったものとして，私は，税務調査でこのスキームの説明を求められたなら，皆さんの要請に応じて，必ず調査官に説明を行うことをお約束します。」**

　皆さんの熱い発言の後に，暫く間があって・・・。甲氏そして長男乙から

「よくわかった。先生の言うとおりだ。」などの発言があった。担当者丙は，このやり取りを記録した面談記録書を審査部に提出した。晴れて審査部の稟議が決裁となり，このスキームがようやく実行される。

以上が，筆者が考える，**逃げない税理士としての矜持**です。リスクを正確に分析し取引先に伝え，そして税務調査の時も（必要あれば）責任を持って説明をしてあげる。これを言えるかどうかで，提案型セールスの成否は最終的に決まるのです。

10-4　そして彼らとの真の付き合いが始まる

3項では，税務の専門家としての税理士の関わり方をドラマ仕立てにしました。この提案実行を行った皆さんは，この後どうなるのでしょうか。

その前にまず，はやばやと戦線を離脱した担当者丙は・・・。丙は，この提案型セールスを行ったことにより殊勲賞をもらい，その名声はエリアの各部店に轟くことになりました。銀行だけに限りませんが，成果がでると今まで日和っていた人たちが群がってきます。営業推進関係の部署や教育担当部署も「事業承継にはアンテナを高く持てと今期に入り指示していたのが奏功した」とか「税理士との連携を強化する旨，常日頃研修を通じ指導教育してきたが今回はそのモデルケースになった」などとこの成果に連なってくるでしょう。

担当者丙を見て，周りの同僚も色めき立ちます。同僚は，担当者丙にこの案件を捌ける能力がなかったことをよく知っています（丙が普段使っていたのは旧式のゲベール銃だったのに，それがいつの間にかガトリング砲で連射していたのだ）。丙が提案型セールス（ガトリング砲の入手）をできたのは税理士のお蔭であり，それが今回の成功の勝因であることを支店の皆は薄々感づいています。

銀行は競争社会です。実績をあげてなんぼの世界でもあります。「丙にやれるなら俺だって。」一人のこの成功体験は，実績を求めている渉外担当者全員に，すぐに伝播され共有化されます。「おれもあの税理士さんに相談しよう。」とか「あの税理士さんは結構いい提案資料を作るらしいぞ。」などの情報が支店内に飛びかい，皆さんは案件の相談で引っ張りだこになることでしょう。そして，支店長戊との面談があり，支店長経由で課長丁に指示が出され，組織的な案件の相談会や勉強会開催の依頼が皆さんに持ち込まれることになります。

以前は，あんなに垣根が高かった銀行員の顔が，血の通ったものとして見えてきます。後は，それぞれの担当者の担当先・能力・経験知に応じて，丁寧にサポートをして行くだけです。皆さんが必要とするものを強いて言えば，「猿に物を教えるような忍耐力」でしょう。**彼らは優秀です。**ただ，**素人なのです。**皆さんにいうまでもありませんが，税務の世界は特に複雑で厄介です。忙しいかもしれませんが，そこに求められるのは，やはり**この忍耐力**だと思います。

この提案型セールスが一石となり，大きく波紋が広がっていきます。そして，この波紋によって，銀行内の多くの行員と知り合うことになります。そして，彼らとのコミュニケーションを通じて，上辺だけでない真の付き合いが始まるのです。

おわりに

　皆さん。ここまで読んでいただき，本当にありがとうございます。
　どうでしょうか？　難しくなかったでしょうか？　かなり生意気なことを書きましたことを，この場で改めてお詫びいたします。
　ただ，筆者が述べた言葉の一部でも皆さんに残れば，この本を書いた意味があったと思います。筆者がこの本を書いた理由は「はじめに」のとおり，「読者の皆さんが銀行とイーブン（対等）な立場で接することにより，皆さんの業容（新規先の獲得と既存顧問先の契約維持）が拡大すること」につながればとの思いでした。個人的には，永い銀行員生活に終止符を打つにあたり，何か今まで自分が培ってきたものを残しておこうと思ったのも，この本を書く理由の一つでした。
　皆さんのなかには，「島本さん，実際，銀行のことをどう思っているの？」と筆者の心の奥を知りたい方も多いと思います。それに対する筆者の思いは複雑です。何故なら，筆者の銀行員生活は本当に平坦な道ではなかったからです。しかし，**この本を書くことによって「一人ではなく多くの人達に助けられた。そして，その人達に育てられて今の自分がある」ことを改めて実感することができました**。今は，その人達に対する感謝の思いで一杯です。コラムに記した『伝説の課長』は，筆者を育ててくれた多くの上席の方々や先輩方への感謝の総称でもあります。**この本は，銀行の内部事情を暴露して，銀行を批判し貶めるために書いた本では決してありません**。その意味で，筆者の考えが所々で抑えられており，何か物足りなさを感じる読者もいると思います。筆者が銀行をどう思っているか，その回答というわけではありませんが，皆さんにはドラマ『半沢直樹』の最終話（2013年9月22日TBS放送）の半沢の言葉を贈りたいと思います。それは，銀行員としての自身の行動を自省させられた言動でした。
　「大和田常務，あなたは私におっしゃいましたね。メガバンクはこの国の

経済を支えている，決して潰れてはならないと。おっしゃるとおりです。銀行は決して潰れてはならない。ですが，私たちはそのことに拘るあまり，いつの間にか自分たちのことしか考えない集団になっているんじゃありませんか？　弱いものを切り捨て，自分たちの勝手な理論を平気で人に押し付ける。問題は先送りされ，誰一人責任をとろうとしない。くだらない派閥意識でお互いに牽制し合い，部下は上司の顔色を伺って正しいと思うことを口にしない。そんな銀行はもう潰れているようなものです！　世の中には本当に銀行の力を必要としている人や企業がたくさんいます。彼らを裏切り続けるなら私たちはもう存在しないも同然じゃないですか。」

ともあれ，そんな銀行に新風を送り込むのは，実は皆さんではないかと，最近，筆者は切に感じています。皆さんが銀行員と同席し顧客を訪問し，皆さんが作った「提案型セールス」のディスカッションペーパーを皆さん自身が説明されている姿を楽しみにしています。皆さんのご健闘を心よりお祈り申し上げます。

最後に，今後は税理士として全く違う道に進む筆者に対し，本当に素晴らしい，このような"はなむけ"の機会を与えていただいた税務経理協会の皆さんに，ただただ感謝の気持ちで一杯です。重ねてお礼申し上げます。

索　引

【あ】

安全性 …………………………… 91
アモチ(amortization) ………… 61
アモチ付の融資 ………………… 61
IB(インターネットバンキング) … 22
IPO(新規公開) ………………… 23

【い】

違約金 …………………………… 62
遺留分 ………………………… 11,53
一次格付 ……………………… 90,92
一般抵当 ……………………… 154
インタレスト・カバレッジ・レシオ … 91
EB(エレクトニックバンキング,
　　electronic banking) ………… 22

【う】

裏書譲渡 ………………………… 63
裏書人 …………………………… 66
売上回転月数 …………………… 96
売上高経常利益率 ……………… 91
運転資金 ………… 25,40,41,43,55,59,
　　　　　　　　63,77,78,94,114
運用 ……………………………… 20

【え】

営業キャッシュ・フロー ……… 97
営業性個人 ……………………… 84
営利法人 ………………………… 85
ABL(アセット・ベースト・レンディ
　　ング, Asset Based Lending) …… 122
FB(ファームバンキング,
　　firm banking) ………………… 22

【お】

大口定期 ………………………… 30
オプション料 …………………… 6
OD(オーディー, Over Draft) …… 69

【か】

家計 ……………………………… 84
海外進出 ………………………… 23
書換(カキカエ) ……………… 56,67
格付 …………………… 87,89,90,95
格付対策 ………………………… 90
格付の高い先 …………………… 87
貸渋り …………………………… 12
貸出金利 ………………………… 74
貸付 ……………………………… 20
貸付債権 ………………………… 66
貸(し)剥がし ……………… 3,57,59
貸剥がす ………………………… 12
株式会社 …………………… 84,153
株式保有特定会社等 ………… 139
借入 ……………………………… 103
借入過多先 ……………………… 95
借入期間 ………… 46,63,65,109,159
為替デリバティブ問題 ………… 7
管理会社 ……………………… 148
外貨定期(預金) …………… 4,5,22
外為取引 ………………………… 31

173

外部格付機関 …………………… 87
元金(元本) ………………… 43,44,46
元金均等返済 …………………… 67
カードローン …………………… 21

【き】

期間 …………………………… 38,39,54
期限一括返済 …………………… 61
期限の利益 ……………… 54,56,117
期平均残高(期平) …………… 125
企業オーナー ……… 8,11,85,138,139,
140,142,143,145
企業調査会社 ………………… 95,96
危険債権 ………………………… 88
起債 ……………………………… 72
季節資金 ………………… 41,54,63
基盤項目 ……………… 21,22,33,34
旧債償還 ……………………… 25
給与振込 …………………… 120
給与振込口座 ………………… 21
教育贈与信託 ………………… 22
共同担保設定 ………………… 154
極度 ……………………… 44,68,70
極度設定 ……………………… 78
極度融資 …………………… 102
金銭消費貸借契約 …………… 65
金銭消費貸借契約証書,
　金消(キンショウ) ………… 65,71
金銭貸借契約証書 …………… 55
金融 ……………………… 160,161
金融機関 ……………………… 44
金融再生法(の)開示債権区分 …… 87,88
金利 ……………… 39,65,107,110
金利スワップ ………………… 120

疑似DES(金銭払込) ……… 92,130,131,
133,134
業法のリスク ………………… 163
業務粗利益 …………………… 21
銀行の与信ルールに精通する …… 35
銀行取引約定書 …………… 56,63
キャッシュ・フロー ……… 152,153,155
キャンペーン ……………… 24,26

【く】

黒字倒産 ……………………… 42
クレジットカード …………… 21

【け】

経常運転資金 …… 41,42,43,44,54,59,63,
64,66,69,77,78,94
経常支出 ……………………… 99
経常収支比率 ……………… 97,99
経常収入 ……………………… 99
継続企業前提(ゴーイング・コンサーン・
　ベース,going concern) ……… 129
決算資金(納税資金) …… 46,47,54,55
決算・賞与資金 ……… 40,46,47,63,70
券面額説 ……………………… 131
減価償却 ……………………… 45
減価償却費 …… 45,93,95,97,106,108,128
減価償却費の自己金融機能 ……… 45
現金預金 …………………… 75,76,77

【こ】

個人 …………………………… 84
個人商店 ……………………… 84
個人商店のような法人 ………… 84
固定金利 ………………… 61,62,159

174

固定長期適合率 ……………………… 91
固定見合資金 ………………………… 59
固定物もの …………………………… 61
個別の融資 …………………………… 102
公益財団 ……………………………… 84
更改 …………………………… 18,56,57
工事の立替資金 ……………………… 41
興長銀レート ………………………… 60
行内鑑定 ……………………………… 154
国債 …………………………………… 15,87
合資会社 ………………………… 84,153
合同会社 ………………………… 84,153
合名会社 ……………………………… 153
ゴーイング・コンサーン(・ベース)
　(GC, going concern) …… 127,129,130
コベナンツ・ローン ………………… 21
コミット(commitment) ……………… 166
コンプライアンス ……… 19,27,133,144

【さ】

債権回収 ……………………………… 67
債権譲渡 ……………………………… 66
債務者格付 …………………………… 87,88
債務者区分 ………………………… 87,88,95
債務償還年数 …………… 92,93,94,95,128
債務超過 ………… 7,72,92,121,129,131
最優遇貸出金利 ……………………… 61
更地 …………………………………… 45
財務代理人 …………………………… 73
財テク ………………………………… 50
残存耐用年数 …………………… 45,159

【し】

資金使途 ………… 38,39,40,49,54,63,69,
　　　　　　　　　　77,78,89,94
資金需要 ……………………………… 77
資金融通 ……………………………… 80
資産家(地主) ……………………… 84,142
資産管理会社 …………………… 8,9,85,167
資産承継 ……………………………… 135
市場金利 ……………………………… 25
市場金利連動融資 …………………… 61
支店長決裁 …………………………… 166
支払代理人 …………………………… 73
私募(債) ………… 21,31,63,72,73,74,120
資料調査課(リョウチョウ) ………… 164
社会保険料 …………………………… 104
社会保険料の滞納 ……………… 103,104
社債 …………………………………… 72,87
社債権者 ……………………………… 73
社債発行者 …………………………… 73
謝絶(した) ……………………… 34,102
収益 …………………………………… 54,55
収益償還 ………… 44,45,50,55,59,107,
　　　　　　　　　　108,155,159
収益償還能力 ………………………… 55
収益性 ………………………………… 91
収益不動産 …………………………… 46
収支計画表 ……… 155,156,157,158,165
渉外担当(者) …………………… 17,23,24
償還 …………………………………… 44
証券 …………………………………… 21
証券(等)投資資金 ……… 40,50,53,54,55
賞与 …………………………………… 39
賞与資金 ………………… 46,54,55,77,78

175

小会社方式 …………………………… 51
証書貸付(短期)(長期) ……………… 63
証書貸付,証貸(ショウガシ) … 65,66,67,
　　　　　　　　　　　　71,77,113,
　　　　　　　　　　　　114,159
商手(ショウテ) ……………………… 63
渉外担当(者) ………… 17,23,24,84,169
小規模宅地等の特例 ………………… 162
新規先 ………………………………… 34
新規の紹介 ………………………… 34,35
信託手数料 …………………………… 22
信用 …………………………… 112,120
信用格付 ………… 35,83,87,89,90,92,95
信用格付けの定性評価 ……………… 90
信用格付けの定量評価 ……………… 90
信用貸出 …………………………… 107
信用金庫 …………………………… 30,89
信用組合 ……………………………… 30
信用調査会社 ………………… 64,95,128
信用情報 ……………………………… 95
信用情報機関 ……………………… 103
信用融資 …………………………… 112
審査 ………………………………… 104
審査担当(者) …………………… 96,166
審査部 ………………………… 166,168
審査役 ……………………………… 166
時価評価説 ………………………… 131
事業計画 …………………………… 35,36
事業再生 …………………………… 121
事業承継 …………… 8,12,31,35,36,50,55,134,
　　　　　　135,138,139,140,141,142,
　　　　　　143,144,167,168
事業承継案件 ………………………… 31
事業承継・遺言信託 ………………… 31

事業承継税制 ……………………… 139
事業法人 …………………………… 85
自己査定 …………………………… 87
自己資金 ……………… 105,106,108,109
自己資本 …………………………… 127
実質金利 …………………………… 74
実質破綻先 ……………………… 87,88
実質自己資本 ……………………… 130
従業員持株会 …………………… 51,52
住宅ローン …………… 25,26,61,62,111
重要物 ……………………………… 19
純資産価額方式 …………………… 50
純資産比率 ………………………… 91
人的承継 ……………………… 134,135,138
シンジケート・ローン …………… 21,31
CIC(シー・アイ・シー) ………… 103
JICC(日本信用情報機構) ………… 103

【す】

スキームの構築 ………………… 34,35
ストレス(をかける) … 107,108,109,110,
　　　　　　　　　　156,157,158,165
スプレッド ………………………… 61
スプレッド金利 …………………… 70
スプレッド融資 ………………… 60,61

【せ】

清算企業前提の時価 ……………… 129
正常(経常)運転資金 ………… 41,93,94
正常先 …………………………… 87,88,92,95
政府系金融機関 …………………… 35
設備資金 ……………… 9,40,44,45,46,50,54,
　　　　　　　　55,59,63,69,104,105,
　　　　　　　　111,118,119

176

索引

設備資金融資 ……………………… 119
設備見合資金 ……………………… 59
専用当座貸越 ……………………… 69
税・法務・金融 ………………… 160,161
税金(納税)の滞納 ……………… 103,104
税引前当期純利益 ………………… 55
税務 ……………………………… 160,161
税務上の借地権 …………………… 150
税務相談 ……………………… 33,34,35
税務調査 ………………… 164,167,168
税務リスク …… 162,163,164,165,166,167
全銀協TIBOR ……………………… 60
全銀協ユーロ円TIBOR ……………… 60
全国銀行個人信用情報センター …… 103
ゼロコスト・オプション ……………… 6

【そ】

租税回避行為 ……………………… 53
創業融資 …………………………… 112
総合口座 …………………………… 69
総合的に判断 ……………………… 102
総合振込 …………………………… 120
総資産経常利益率 ………………… 91
総資産当座比率 …………………… 91
相続時精算課税制度 ……………… 51
損害金 ……………………………… 66
増加運転資金 ……………………… 43

【た】

対顧レート ………………………… 62
滞納 ………………………………… 104
立替資金 …………………………… 41
短期運転資金 ……………… 41,54,63,70
短期プライムレート(短プラ) …… 60,61

担税力 ………………………… 55,164
単品セールス …………………… 24,27,28
担保 ………………… 39,72,102,119
担保価値 …………………………… 25
短名手形(タンメイテガタ) ………… 66
代位弁済 …………………………… 25
ダンピング(競争) ……………… 26,27,32
TIBOR(タイボー) …………… 60,61,62,74

【ち】

遅延損害金 ………………………… 66
地銀 ………………………………… 30
地権者(地主) ……………………… 85
中堅企業 …………………………… 85
中小企業(事業法人)(資産管理会社)
 …………………………… 85,87,121
中小企業再生支援協議会 ………… 121
中小金融機関 ……………………… 89
長期運転資金 …………………… 54,63
長期プライムレート(長プラ) ……… 60

【つ】

通貨オプション ……………… 5,6,7,28
月平均残高(月平) ……………… 124,125

【て】

手形貸付(テガシ) ………… 63,66,67,70,
 113,114
手貸短名(テガシタンメイ) ………… 66
手形交換所 ………………………… 67
手形債権 …………………………… 67
手形訴訟 …………………………… 67
手形振出人 ………………………… 64
手形銘柄 …………………………… 64

177

手形割引	61, 63, 64, 79, 95
手数料収益	21, 31
手元流動性	91
提案スキーム	34
提案(型)セールス	26, 27, 28, 32, 34, 35, 135, 144, 160, 168, 169
定期預金	20, 21, 30, 69, 117
帝国データバンク(TDB)	95
抵当権	26, 44, 154
定性評価	90, 91
定量評価	91, 92
適債基準	72
店内決裁	166
でんさいネット	64
テール・ヘビー(tail heavy)	56
デリバティブ	7, 21, 31
デリバティブ商品	5
D・C・R(デット・キャパシティー・レシオ)	91
DDS(デット・デット・スワップ,Debt Debt Swap)	121
DES(デット・エクイティ・スワップ,Debt Equity Swap)	121, 130, 131

【と】

東京商工リサーチ	95
当座貸越(契約),当貸(トウガシ)	61, 63, 66, 68, 69, 70, 72
当座資産	91
当座預金	68, 69, 70
投資信託	4, 5, 15, 22, 121
投資有価証券	91
特定債務保証	159
特定評価会社	139

特別当座貸越	61, 63, 69, 70
特別当座貸越契約証書	71
特別当座貸越約定書	71
土地の無償返還に関する届出(書)(制度)	150, 151, 152, 153, 154, 162, 166, 167
同行相殺	117
同族会社行の行為計算の否認	163
動態管理	19

【な・に】

流し込み	69
二次格付	90
日本政策金融公庫	112, 113
NISA	22

【ね・の】

根抵当	154
根抵当権	26, 119, 120
納税資金	55

【は】

破綻懸念先	32, 87, 88
破綻更生債権及びこれらに準ずる債権	88
破綻先	87, 88
配当還元方式	51
発行代理人	73
払戻請求書	69, 70, 71, 72
反社会勢力	103
ハウスビル(house bill)	64
バランス・シート(B/S)	57
バルーン(風船, balloon)	56
パワー・ハラスメント	19

索　引

バンク・ミーティング ………… 122

【ひ】

非営利法人 ……………………… 85
非金利収益 ……………………… 21
非拘束定期 …………………… 117
比準要素数1の会社 ………… 139
否認要件 ………………………… 25
表面金利 ………………………… 74
表面利率 ……………………… 73,74
B/S(バランス・シート) ……… 57

【ふ】

普通抵当権 ……………… 119,120
普通預金 ……………… 20,21,30,69
不動産 ………………………… 113,114
不動産担保 …………… 72,115,118
不動産仲介手数料 ……………… 21
不動産の法人化 …… 85,147,149,161
不良債権 ………………………… 89
不渡り(1号不渡り) ………… 64,67
不渡手形 ………………………… 64
風評被害 ……………………… 103
部下教育 …………………… 19,20
部下の動態管理 …………… 19,20
物上保証人 …………………… 154
物的承継 ………… 134,135,138,139
分社型分割 ……………………… 9
ブラックリスト ……………… 103
プレイング・マネージャー
　(Playing Manager) ………… 19
プロパー融資 ………………… 113
プロラタ(pro rata)返済 …… 116

【へ】

返済 ……………………………… 44
返済計画 ……………………… 105
返済原資 ………………… 44,46,54
返済財源 ……………………… 44,55
返済比率 ……………………… 111
返済方法 ………………………… 54
返済猶予(リスケ，リ・スケジュール，
　reschedule) ……………… 115
変動金利 ……………… 61,111,159
変動もの ………………………… 61
ベーシスポイント(basis point, bp) …… 62

【ほ】

保険(商品) ……………… 4,5,15,22
保証 ……… 39,73,102,112,117,159
保証委託 ………………………… 73
保証協会 ……… 25,112,113,114,115,
　　　　　　　　116,117,118,119
(信用)保証協会(の保証)付(き)
　融資 ……………… 24,25,113,117,118
保証銀行 ………………………… 73
保証条件にない既存の融資以外の
　融資 …………………………… 25
保証料率 ………………………… 62
保証枠 ………………………… 113
保全 ……………… 35,89,117,119
包括 …………………………… 159
法人 ………………… 69,84,85,86
法務 ……………………… 160,161
本部決裁 ……………………… 166
ポジション …………………… 113

179

【ま】

窓口担当者 …………………………………… 34
マル査 ………………………………………… 164
マル保 ………………………… 24, 25, 26, 35, 113

【み】

見せ金 ………………………………………… 132
みなし配当金逃れ …………………………… 53
みなし受贈益 ………………………………… 131
民事再生 ……………………………………… 122
民事再生法 ……………………………… 118, 122

【む・め・も】

無償減資 ……………………………………… 134
無担保融資 …………………………………… 107
無担保枠 ………………………… 25, 113, 115, 118, 119
銘柄 …………………………………………… 95
メインバンク ………………………………… 120
メガバンク ……………………… 17, 21, 30, 120
持株会社 ……………………………………… 11

【や】

役員報酬手当及び人件費の内訳 ……… 39
約定返済 ………………………………… 61, 65
約定返済額 …………………………………… 56
約束手形 ……………………… 66, 67, 69, 79

【ゆ】

遺言 …………………………………………… 8
遺言信託 …………………………………… 8, 31
優越的地位の濫用 …………… 67, 120, 121
有限会社 ……………………………………… 84
融資 ……… 3, 12, 20, 21, 25, 32, 38, 56, 62, 66,
67, 68, 69, 77, 78, 79, 83, 86, 87, 89,
101, 102, 105, 110, 112, 113, 115,
117, 118, 120, 121, 124, 125, 133,
140, 153, 154, 159, 165, 166
融資案件 ……………………………………… 125
融資期間 ………………………………… 54, 56, 102
融資金 ………………………………………… 122
融資形態 ……………………… 62, 63, 64, 65, 66,
67, 72, 102, 159
融資先 …………………………………… 63, 64
融資先の属性 ……………………………… 46, 111
融資条件 ……………………………………… 104
融資担当者 …………………………………… 39
融資取引 ………………………………… 79, 84, 103
融資の増強 …………………………………… 31
融資の謝絶 …………………………………… 102
融通手形, 融手（ユウテ） ………………… 80
優先充当 ………………………………… 118, 119
優良（な）法人 ………………………… 86, 87

【よ】

預金 …………………………………………… 21
預金担保 ……………………………………… 11
預貸業務 ……………………………………… 2
与信 …………………………………………… 20
要管理債権(先), 要管(ヨウカン)
………………………………………… 87, 88, 89
要注意先 …… 32, 72, 87, 88, 89, 92, 93, 94, 95

【り】

利益 …………………………………………… 54
利益償還 ………………………………… 44, 55
利鞘（スプレッド） ………………………… 61
利率（金利） ………………………………… 38

索　引

流動残高 …………………… 70	連鎖倒産 …………………… 81
流動性 ……………………… 21	連帯保証 ……………………159
流動比率 …………………… 91	連帯保証人 ………… 111,113,153,159
隣地 ………………………… 45	連動金利 ………………… 61,159
リスク性(のある)運用商品 … 5,21,22,30, 31,120,121	レシオ付通貨オプション ……………… 6

【わ】

リスケ ……………………116	割引 ………………………… 61
リョウチョウ(資料調査課) ………164	割引依頼人 ……………… 63,64

【る・れ】

類似業種比準価額(方式) ………… 50,139	割引手形，割手(ワリテ) ……63,64,79,80
劣後充当 …………………119	割引人 ……………………… 63

181

著者紹介

島 本 広 幸（しまもと　ひろゆき）

1966年　和歌山県出身
バブル期に㈱第一勧業銀行（現，㈱みずほ銀行）に入行。
入行後，個人営業から始まり法人渉外担当，債権回収，審査部審査，
営業（融資渉外）課代理，営業（融資渉外）課長，
事業承継・組織再編コンサルティング部門の上席部長代理などを歴任
運用，融資（個人ローン含む），債権回収から事業承継までの幅広い銀行業務に精通。
（内，1997年12月，2001年6月に行内(頭取)表彰受賞）

2015年1月退職
2015年2月税理士登録（東京税理士会）
現在：税理士法人ベリーベスト所属税理士
　　　（ベリーベストグループ）（http://www.vbest-tax.jp）
　　　㈱ポラリス代表取締役
　　　（事業承継・組織再編・事業再生コンサルティング）
　　　（http://www.polarisconsul.com）

著者との契約により検印省略

平成27年7月15日　初版第1刷発行

銀行融資に強い税理士になる
－銀行員はこういう税理士と仕事をしたい－

著　者	島　本　広　幸
発　行　者	大　坪　嘉　春
印　刷　所	税経印刷株式会社
製　本　所	株式会社　三森製本所

発行所　〒161-0033 東京都新宿区下落合2丁目5番13号　株式会社 税務経理協会

振替 00190-2-187408　電話 (03)3953-3301 (編集部)
ＦＡＸ (03)3565-3391　　　(03)3953-3325 (営業部)
URL http://www.zeikei.co.jp/
乱丁・落丁の場合は，お取替えいたします。

© 島本広幸 2015　　　　　　　　　Printed in Japan

本書の無断複写は著作権法上での例外を除き禁じられています。複写される場合は，そのつど事前に，(社)出版者著作権管理機構（電話 03-3513-6969，FAX 03-3513-6979, e-mail : info@jcopy.or.jp）の許諾を得てください。

JCOPY ＜(社)出版者著作権管理機構 委託出版物＞

ISBN978-4-419-06254-5　C3034